군대에서 토익900

군대에서 토익 900

3개월 만에 독학으로
토익 정복하기

공병우 지음

한월북스

CONTENTS

○ 프롤로그
어디에서 무엇을 하든 버리는 시간은 없다 · 012
이 책 사용 설명서 · 018

○ **1장
당신이 원하는
토익 점수는 몇 점인가?**

첫 토익 시험에서 바로 800 달성하기 · 022
첫 시험부터 원하는 성적을 노려라 · 023
시험 날짜를 미리 정하고 시작하라 · 025

토익은 독학으로 충분하다 · 027
학원을 꼭 이용해야 하나? · 028
그룹 스터디가 도움이 될까? · 029

최고의 교재는 모의고사 · 031
고난도 모의고사를 풀어야 하는 이유 · 033
★ 실전 Tip: 모의고사 문제집 고르기 · 035

토익 900 굳이 넘어야 하나? · 036
토익은 시험일 뿐이다 · 037
취업하고 싶은 회사의 토익 점수부터 확인하라 · 039

2장
다이어트와 토익!
군대에서 얻은 2가지

평생 잊지 못할 하루 · 044

같은 하늘 다른 세상 · 048

친구라는 행운 · 051

잃어버리는 시간은 없다 · 055

내 몸의 흑역사 · 059

20kg 감량에 성공하다 · 063

3장
첫 시험에서
895점을 받다

어떤 기회는 우연히 찾아온다 · 070

토익 공부 쉽게 시작하기 · 075

첫 시험에서 895점을 받다 · 080

새로운 목표 · 085

두 번째 토익 945점 · 092

전역, 그리고 그 후 · 097

4장
3개월 만에 토익 정복하기

영어 공부를 왜 할까? · 104

토익 시험 이해하기 · 108
텝스, 토플, 토익이란? · 109
토익의 문제 구성 · 111
주의해야 할 토익 시험 준비물 · 112
★ 실전 TIP · 115

단어 책 한 권 부수기 · 116
★ 필수 단어 50개 · 121
효율적인 단어 공부법: 가볍게 자주 보기 · 123
동의어, 반의어, 빈출 표현 같이 외우기 · 125

수능과 토익의 차이점 · 127
1. 단어 · 127
2. 읽기와 듣기의 비중 · 129
3. 문제 풀이법 · 130

시간을 지배한 사나이 · 133
책 속에서 찾은 길 · 134
변화를 원한다면 기록부터 시작하라 · 135

3개월 만에 토익 정복하기 · 138
자투리 시간을 활용하라 · 139

스마트폰 앱 이용하기 · 141

900점을 원한다면 기본서 대신 모의고사를 풀어라 · 142

매일 하나씩 모의고사 풀기 · 144

토익 시험에 문법 문제가 있나요? · 146

토익은 절대 어려운 시험이 아니다! · 147

★ 실전 Tip: 3개월 만에 토익 900 달성하기 계획표 · 149

5장
토익 LC 공부법

Part 1

1. Preview · 154

2. 유형 분석 · 155

3. 함정 피하기 · 156

1) 시제에 주의하라 · 157

2) 주관적 해석을 경계하라 · 159

4 실전 Tip · 161

Part 2

1. Preview · 163

2. 유형 분석 · 164

3. 함정 피하기 · 166

1) 나오면 100% 오답: 비슷한 음의 단어(launch/lunch) · 166

2) 나오면 80% 오답: 문제에 나왔던 단어 · 167

3) 나오면 70% 오답: 문제의 단어를 연상시키는 단어 · 167

4) 나오면 80% 정답: 대답 회피 대사 · 168

4. 실전 Tip · 169

Part 3

1. Preview · 171

2. 유형 분석 · 173

3. 함정 피하기 · 176

1) 들으면서 문제를 풀어라 · 176

2) 의문사로 문제 유형을 파악하라 · 177

3) 문제의 주인공을 확인하라 · 178

4. 실전 Tip · 180

Part 4

1. Preview · 181

2. 유형 분석 · 182

3. 함정 피하기 · 184

1) 처음 내용이 그대로 이어진다 · 184

2) 함정이 없다는 사실이 오히려 함정 · 185

4. 실전 Tip · 186

6장
토익 RC 공부법

Part 5

1. Preview · 190

2. 유형 분석 · 191

3. 함정 피하기 · 194

1) 문법: 단어 형태 구별, 시제, 능동/수동 · 194

2) 한 번에 답 고르기(더 잘 찍는 비법) · 198

4. 실전 Tip · 202

Part 6

1. Preview · 205

2. 유형 분석 · 206

3. 함정 피하기 · 207

1) 편지는 'To, From, Date, Subject'부터 확인하라 · 207

2) 지문 전체를 통해 문제를 풀어라 · 208

3) Part 6을 가장 나중에 풀어라 · 209

4. 실전 Tip · 210

Part 7

1. Preview · 212

2. 유형 분석 · 214

3. 함정 피하기 · 216

1) 문자는 항상 메시지를 보낸 이유, 부탁 내용을 물어본다 · 217

2) 이메일은 보내는 사람, 받는 사람, 추신을 눈여겨보라 · 218

3) 광고, 공지 글은 다루는 정보에 주의하라 · 218

4. 실전 Tip · 220

○ **7장
토익 945점이
만들어 준 자신감**

유럽 여행 혼자 갈 수 있을까? · 224

배낭여행을 통해 배운 한 가지 · 232

혼자서 할 수 있다는 자신감 · 237

경제적으로 자립하기 · 242

○ 에필로그
더 많은 꿈을 꾸다 · 246

PROLOGUE

어디에서 무엇을 하든 버리는 시간은 없다

"군 복무 시간이 너무 아까워요. 20대에 아까운 시간을 버리는 것 같아요."

주변의 많은 분이 흔히 하는 말입니다. 군대에서 보내는 시간을 아깝다고 여깁니다. 이해는 합니다. 저 또한 군대 가기 전까지는 똑같이 생각했습니다. 그러나 지금은 꼭 이 말씀을 드리고 싶습니다.

"무슨 일을 한다고 해도 버리는 시간은 없습니다. 저는 군대에서 시작해 3개월 만에 독학으로 토익 945점을 받고 나왔습니다."

저는 639기로 해군에 입대했습니다. 제게 690일간의 군 복무는 남들이 말하는 버리는 시간이 아닌 하나의 전환점이었습니다. 많은 것을 배웠고 전에는 생각하지 못했던 목표를 달성할 수 있는 시간이었습니다. 이 책이 증거입니다.

제가 군대에서 이룬 가장 큰 성과라 생각하는 '단기간 토익 공부법'에 대해 말씀드리고자 합니다. 단순히 영어 공부법만을 다루는 내용이 아닙니다. 어떻게 군대라는 제한된 상황 속에서 확실한 목표를 가질 수 있었는지에 대한 이야기입니다. 아울러 목표를 이루기 위해 어떻게 계획을 세우고 실행했는지 소개하고자 합니다.

군 복무 기간 흔히 세우는 대표적인 목표는 '몸만들기(운동)', '영어 공부', '독서'입니다. 나이 드신 분들은 어떠실지 모르겠지만, 제 또래의 장병들은 아마 공감할 겁니다.

군 생활 기간에 무엇을 하기란 말처럼 쉽지 않습니다. 아침에 눈을 뜨기도 힘든데 자기만의 목표를 가지고 실행하기란 쉬운 일이 아닙니다. 공부하거나 운동하기 위해서는 정말 엄청나게 노력해야 합니다. 군대에서는 사회와 달리 도와줄 조력자가 없습니다. 부모님도 없고 선생님도 없으니 모든 일을 스스로 책임지고 행동해야 합니다.

누가 시키지도 않았는데 매일 운동하고 한 달에 책 한 권 이상을 읽고 영어 공부를 하기란 정말 어려운 일입니다. 확실한 목표가 있고 실천

할 의지가 있어야 하니까요. 정해진 일과 시간 외에 자투리 시간을 활용하기란 분명 쉬운 일이 아닐 겁니다. 저 또한 군 복무를 시작하며 많은 어려움이 있었습니다.

다행히 저는 운이 좋은 사람입니다. 군에서 복무하며 중간중간 좋은 인연을 만나 다시금 마음을 잡을 수 있었습니다. 그 결과 원했던 목표도 이룰 수 있었고요.

이 책에서는 군 생활에서 만났던 인연과 배웠던 것을 함께 말씀드리려 합니다. 여러분에게 미리 양해를 구하자면, 이 책에는 군 생활에 관한 얘기가 제법 들어 있습니다. 복학생이 하는 군대 얘기를 환영하는 사람은 드물겠지만, 군대 경험을 빼고 이 책을 쓸 수는 없었습니다. 다만 제가 드리는 이야기가 단순히 군대에서만 적용되지는 않을 겁니다. 실제 경험해 본 결과 군대는 사회의 축소판이라 생각합니다.

이 책은 여러분이 처한 모든 상황에 적용할 수 있을 것입니다. 그곳이 군대든 학교든 직장이든 어디든 말입니다. 단기간에 토익 고득점을 얻고자 하는 독자라면 누구에게나 유익한 지침서가 될 것이라 확신합니다.

먼저 한 가지 분명히 밝힐 사실이 있습니다. 이 책은 영어의 기초부터 탄탄히 공부하는 일반적인 학습서가 아닙니다. 따라서 토익 만점을 목표로 하는 분이라면 이 책에서 원하는 내용을 얻으실 수는 없습니다. 하물며 저는 영어 전공자도 아니고 학문적인 기초는 잘 알지도 못합니다.

아마 저는 토익 만점을 얻지는 못할 것입니다. 그럴 마음도 없고요. 이 글을 읽고 있는 대부분의 독자도 마찬가지일 겁니다. 취준생, 각종 시험 준비생, 직장인에게 필요한 토익 점수는 만점이 아닙니다. 대게 토익 800~900점이 필요한 점수입니다.

이 책은 뚜렷한 목적을 가지고 썼습니다. 단기간에 토익 800~900점을 원하는 분에게 실질적인 도움을 드리기 위해서입니다. 이 책에서 제시하는 토익 학습법을 따라 공부하면 만점은 어렵겠지만 800점, 아니 900점 중반까지는 확실히 얻을 수 있습니다. 가장 빠르고 효율적인 공부 기술을 통해 여러분이 원하는 성적을 달성할 수 있도록 실질적인 도움을 드리겠습니다.

토익 공부법뿐만 아니라 시중에 나와 있는 수많은 책 중 어떤 책이 공부하기 좋은지에 관한 정보도 드릴 것입니다. 어떤 샤프가 답안지 체크에 가장 좋은지 같은, 토익을 공부한다면 누구나 한 번쯤은 생각하는 작은 고민까지 말씀드리고자 합니다.

사소한 정보 하나까지 모두 도움을 드리고 싶어 책 쓰기를 결심했습니다. 제가 토익 공부를 시작한 지 아직 채 1년도 되지 않았기 때문에 오히려 누구보다 생생한 정보를 드릴 수 있습니다.

어떤 분들은 오해할 수도 있습니다. 제가 예전부터 영어를 잘했기 때문에 토익 945점을 그렇게 짧은 시간 만에 달성할 수 있지 않았냐고요. 전혀 아닙니다. 저는 고등학교 때 영어 내신 4등급을 받은 적도 있습니다. 평범하거나 못하는 성적이었죠.

영어를 썩 좋아하지 않았고 학원에 거의 다녀 본 적이 없습니다. 당연히 토익 공부도 해 본 적이 없습니다. 입대하기 전까지 토익 책을 제대로 펼쳐 보지 않았습니다. 군대에서 토익 공부를 시작했을 때 저는 여러분보다 나을 게 없었다는 말씀을 드리고 싶습니다. 그러니 공부를 시작할 때 '군 사병도 독학으로 한 토익 공부를 내가 못하겠어?' 하는 마음으로 임하셨으면 좋겠습니다. 영어는 자신감이 중요하니까요.

토익을 처음 시작하거나 토익 때문에 좌절하는 분에게 고합니다. 이 책을 믿고 따라 해 보세요. 지어내지 않고 제 경험을 토대로 썼습니다. 공부하겠다는 의지만 갖고 책의 내용을 실천한다면 토익 공부 기간은 단축될 것입니다. 여러분의 토익 공부 기간을 확실히 줄여 드리겠습니다.

그럼 지금부터 시작합니다.

이 책 사용 설명서

이 책은 군대에서 복무하며 토익 시험을 준비했던 경험을 바탕으로 썼습니다. 이론보다는 경험에 기초해 글을 구성하다 보니 군대 에피소드가 제법 들어 있습니다. 군대 이야기에 관심 없는 독자는 관련 장을 생략하고 읽으면 좋겠습니다.

독자에 따른 이 책 사용법은 다음과 같습니다.

1. 첫 번째 독자: 토익 공부가 처음이고 군대 이야기에 흥미가 없는 분

→ 1장을 먼저 확인한 후 4장, 5장, 6장(구체적인 공부법)으로 넘어가면 됩니다. 공부를 시작하기에 앞서 자신에게 맞는 목표와 계획을 수립할 수 있습니다.

2. 두 번째 독자: 군대에 있거나 곧 입대하는데 토익에 관심이 있는 분

→ 2장과 3장을 먼저 읽으며 군대에서 토익을 공부했던 제 경우를 참고하기 바랍니다. 군대라는 특수한 상황을 이해하고 그에 맞는 전략을 세운다면 더 좋은 결과를 얻을 수 있습니다.

3. 세 번째 독자: 이미 토익을 공부하고 있지만, 점수가 잘 오르지 않는 분

→ 4장. 6번 '3개월 만에 토익 정복하기'부터 시작해 5장, 6장을 정독하기 바랍니다. 토익을 단기간에 끝낼 수 있다는 확신을 얻을 수 있습니다.

The secret of getting ahead is getting started.

- Mark twain

1

당신이 원하는
토익 점수는 몇 점인가?

첫 토익 시험에서
바로 800 달성하기

　토익 시험 한 번의 비용이 얼마인지 아십니까? 토익 시험을 치기 위한 응시료는 44,500원입니다. 나중에 성적표를 뽑기 위해서는 또 돈을 내야 합니다. 직장인이라면 모르겠지만, 학생에게는 적지 않은 비용입니다. 토익은 한 번 실수하면 돈이 너무 많이 들기 때문에 부담스럽습니다. 토익 시험 비용은 저희와 같은 청년들에게는 너무 비싼 금액입니다. 시험을 한 번 실수해 다시 친다면 거의 10만 원에 가까운 비용이 듭니다.

　만약 토익 시험 비용이 저렴하다면 상황은 달라집니다. 쉽게 토익에 응시하고, 원하는 점수가 나오지 않으면 다시 시험을 치면 됩니다. 금전적인 부담은 없으니까요. 현실은 전혀 그렇지 않습니다. 토익 시험 비용이 내려가면 좋겠지만, 그런 일을 기대하기는 어렵습니다. 그럼 우린 어떤 태도로 접근해야 할까요? 흔히 말하듯 첫 시험은 연습 삼아 봐도 좋을까요?

첫 시험부터 원하는 성적을 노려라

첫 토익 점수는 자신의 발 사이즈가 나온다는 이야기를 많이 합니다. 300점도 넘기 어렵다는 뜻입니다. 처음 토익 공부를 시작할 때 많은 사람이 제게 첫 토익은 절대 잘 칠 수 없다고 이야기했습니다. 그 말을 믿은 저는 시험 점수가 너무 형편없이 나와도 실망하지 말자고 다짐했죠. 하지만 막상 시험을 쳐 보니 이 이야기는 완전히 거짓말이었습니다.

저는 약 두 달 반 동안 공부했고 첫 토익에서 895점을 받았습니다. 석 달도 공부하지 않고 900점에 가까운 점수를 얻은 것이죠. 온종일 공부만 하지도 않았습니다. 군대에 있었으니 그럴 여건도 아니었고요. 그런데도 첫 시험에서 고득점을 달성할 수 있었습니다. 그렇다면 '첫 토익 점수 = 발 사이즈' 이야기는 왜 나오게 된 걸까요? 이는 많은 분이 토익 공부를 제대로 해 보지도 않고 시험을 쳐서 나온 이야기라고 생각합니다.

저는 군대에 들어가기 전 토익 책을 제대로 펴 본 적이 없습니다. 토익 공부는 군대에서 처음 시작했습니다. 제대로만 한다면 첫 토익에서도 원하는 성적을 받기가 어려운 일이 아니라는 점을 말씀드리고 싶습니다.

효과적으로 공부한다면 딱 한 번의 시험으로 토익을 졸업할 수 있습니다.

여기서는 구체적인 문제 풀이법이나 공부법은 말씀드리지 않겠습니다. 이와 관련해서는 5장과 6장에서 자세히 다루겠습니다. 이 장에서는 여러분이 토익을 공부하면서 겪을 수 있는 문제와 제대로 공부하지 못하는 이유를 같이 고민해 보고자 합니다.

많은 분이 첫 시험을 준비하면서 돈을 날릴까 봐 겁내고, 열심히 공부하고도 낮은 성적이 나올까 두려워합니다. 그 마음 때문에 오히려 제대로 준비하지 못합니다. 최선을 다했는데 결과가 실망스럽게 나온다면 남들 보기에 부끄럽다고 생각하기 때문입니다. 저는 그런 분들에게 꼭 드리고 싶은 말씀이 있습니다. 지레 겁을 먹고 하지 않는다면 이보다 어리석은 사람은 없습니다.

경제학 용어 중에 '매몰 비용'이라는 단어가 있습니다. 이미 사용된 비용이라는 뜻으로 다시 되돌릴 수 없다는 의미입니다. 우리에게는 토익 응시료가 바로 매몰 비용입니다. 그럼 이미 사용된 토익 시험 비용에 대해 취할 수 있는 가장 효과적인 행동은 무엇이겠습니까? 결과가 두려워 소극적으로 공부하겠습니까? 아니면 적극적으로 토익 시험을 준비하겠습니까?

시험 날짜를 미리 정하고 시작하라

토익 시험을 준비하기 전에 시험 날짜를 미리 정하고 시작하면 좋겠습니다. 토익 시험은 보통 두 달 뒤까지 신청할 수 있습니다. 그러니 한 달간 열심히 단어 공부를 하고 실전 모의고사로 넘어가기 전에 토익 시험을 신청하기 바랍니다.

목표를 정하고 할 때와 그냥 하는 경우는 큰 차이가 있습니다. 명확하고 구체적인 목표는 그 자체만으로 효과가 큽니다. 토익 시험도 마찬가지입니다. 어차피 시작했다면 반드시 명확한 목표를 세우고 공부하기 바랍니다.

굳게 마음을 먹고 한 달 동안 단어 공부를 끝내면 뿌듯한 성취감이 생깁니다. 하지만 막상 첫 모의고사를 치면 당황할 수 있습니다. 점수가 형편없이 나오기 때문입니다. 단어 책 하나를 마스터했을 때 점수가 잘 나오면 좋겠지만, 결과는 실망스러울 것입니다. 이때 중요한 점이 있습니다. 자신의 모의고사 결과를 온전히 받아들여야 합니다. 스스로 위로하고자 틀린 이유에 대한 변명거리를 찾으려 하면 곤란합니다.

'이 문제는 이래서 틀렸고, 저 문제는 잠깐 실수를 한 거야' 같은 이유를 댈 수도 있습니다. 그러나 여러분의 공부는 여러분만의 것입니다. 순간 실수를 했든 어떠한 이유가 있었든 점수는 내가 만들었습니다. 성적이 어떻게 나오든 결과가 현재 여러분의 실력임을 직시해야 합니다. 정확히 자신의 수준을 인식하고 약점을 알아야 성적을 올릴 수 있습니다. 만약 자신의 점수에 변명을 늘어놓으며 '나는 이 시험 결과보다는 실력이 높아'라고 착각한다면 아무리 공부해도 평생 원하는 성적은 받기 어려울 것입니다. 모의고사 점수는 있는 그대로 받아들여야 합니다.

토익은
독학으로 충분하다

　토익 공부를 혼자서 할 수 있을까요? 토익을 시작하는 사람이라면 누구나 하는 첫 번째 질문입니다. 주변을 둘러보면 학원을 이용하거나 온라인 강좌를 수강하는 사람들이 많습니다. 최근에는 토익 관련 앱도 넘쳐나고요.

　어떤 과목이든 공부하는 방법은 두 가지입니다. 누군가에게 배우거나 혼자서 하거나. 토익은 어떤 길이 효율적일까요?

학원을 꼭 이용해야 하나?

　토익은 독학으로 할 수 없고, 한다 해도 학원 수강보다 훨씬 비효율적이라는 분이 있습니다. 군대에서 토익 공부를 시작하려고 했을 때 가장 많이 들었던 말입니다. 주변에서 거의 모든 분이 말리더군요. 심지어 어머니마저도 토익은 제대 후 복학해 학원에서 배우라고 말씀하셨습니다.

　그러나 제 생각은 다릅니다. 학원을 이용하면 조금 더 편하게 공부할 수 있을지 모르겠지만, 혼자 힘으로도 3개월에 토익 900은 가능합니다. 제가 바로 증거입니다. 가능한 일을 잘못된 선입견 때문에 왜 시도하지 않습니까?

　토익 공부를 독학으로 시작한다면 주변 사람들의 공격이 시작될 수 있습니다. 제가 혼자서 토익 공부하며 가장 많이 들었던 얘기는 '첫 토익 점수 = 발 사이즈'였습니다. 토익 공부를 하면서도 계속 겁이 났습니다. 학원을 이용하지도 않고 독학으로 준비하다 보니 두려움이 사라지지 않았습니다. 공부하면서 누군가에게 검증을 받을 수 없었으니까요.

　지금 와서 보니 '첫 토익 점수 = 발 사이즈' 이야기는 토익 공부를 제대로 해 보지 않은 사람들의 변명입니다. 다시 말씀드리지만, 아무 근거 없는 낭설입니다. 이 책에서 제시하는 공부 계획을 그대로 따라 한다면 첫 토익에서 바로 고득점이 가능합니다.

그룹 스터디가 도움이 될까?

많은 분이 토익을 준비하며 그룹 스터디를 합니다. 혼자 공부하기 힘드니 서로 의지하고 정보도 교환하자는 취지입니다. 의도는 좋으나 그룹 스터디를 추천하고 싶지는 않습니다.

사람은 누구나 자신이 남들보다 나은 사람으로 보이기를 원합니다. 그런 심리가 스터디를 하면서 부정적인 방향으로 나타나기도 합니다. 함께 공부하면서 남들보다 더 뛰어나 보이려고 자신을 속이기도 한다는 뜻입니다.

실제로 제가 고등학교 시절 친구들과 같이 공부할 때의 이야기입니다. 저희는 모두 같은 문제집을 풀었습니다. 그중 한 친구는 문제집을 풀 때는 항상 다 맞았지만, 실제 시험을 보면 성적이 굉장히 낮았습니다. 그 친구는 자신이 시험을 치면 항상 긴장을 많이 해서 그렇다고 변명했습니다. 지나서 생각해 보니 다른 친구들보다 똑똑하게 보이고 싶어 거짓말을 했던 것입니다. 당시 그 친구는 수능 또한 잘 치지 못했습니다.

그룹 스터디는 이런 단점이 있습니다. 남들과 같이 공부를 하면 자신을 속이게 될 수도 있습니다. 아닌 분도 많겠지만, 굳이 그런 가능성을 만들 필요는 없습니다. 토익 스터디가 도움이 될 수도 있겠지만, 독학으로도 충분한 시험을 위해 그룹 스터디를 꼭 해야 할까요?

저 또한 처음 실전 모의고사를 풀고는 너무 많이 틀려 아무에게도 말하지 못했습니다. 공개하기 민망한 점수였으니까요. 시간이 지나고 보니 처음 모의고사를 풀었을 때 많이 틀렸다고 해서 부끄러워할 이유가 전혀 없습니다. 저도 처음 토익 문제지를 풀면서 약 2주간은 거의 반타작밖에 하지 못했습니다. 시간이 지나면서 점차 토익이란 시험에 적응했고, 많은 문제를 풀어 봄으로써 실력이 향상됨을 느꼈습니다.

    여러분도 마찬가지입니다. 처음부터 잘하는 사람은 없다는 사실을 기억하기 바랍니다. 항상 자신의 실력과 약점을 분석하며 공부한다면 토익은 절대 어렵지 않습니다. 단어 책 한 권 정복하고 필요한 문제 풀이 기술을 익힌다면 토익 고득점은 불가능한 목표가 아닙니다.

최고의 교재는 모의고사

제가 겪었던 시행착오를 하나 말씀드리겠습니다. 제가 토익 공부를 시작하면서 했던 실수로 여러분은 같은 실수를 하지 않기 바라는 마음에 얘기합니다. 제가 군대에서 토익 공부를 처음 시작할 때는 앞에서 말한 바와 달리 단어 공부에 집중하지 못했습니다. 맨 처음은 토익 기본서로 시작했습니다. 가장 많은 분이 보는 책으로 공부했습니다.

토익 교재로 가장 유명한 그 책은 내용 면에서는 굉장히 알차고 좋다고 생각하지만, 공부할 범위가 아주 방대합니다. 책 두께도 상당히 두껍고 수록된 문제도 너무 많습니다. '이 책을 얼마 만에 다 볼 수 있을까?'

너무 막연하다는 생각이 들었습니다.

고민 끝에 공부 방향을 바꿨습니다. 약 2주 정도 풀다가 교재를 덮었습니다. 아직도 그 책은 반도 보지 않은 채 집에 버려져 있습니다. 그 후로 저는 단어 공부에 더 많이 집중했고, 단어를 끝낸 후에는 바로 토익 실전 문제를 풀었습니다. 그리고 약 2달 만에 첫 토익 895점을 받을 수 있었습니다.

많은 분이 토익 기본서를 이용해 공부합니다. 무엇을 공부하든 우리는 관습적으로 기본서를 선택하니까요. 그러나 한번 생각을 해 봐야 합니다. 자신이 목표하는 토익 점수를 위해서 어떤 방식의 공부법이 효과적인지 말입니다.

토익 기본서는 내용이 방대합니다. 가장 유명한 교재를 보는 데 최소한 달에서 두 달 이상이 소요됩니다. 여기서 여러분에게 질문을 드리고 싶습니다. 여러분이 원하는 토익 점수는 만점인가요? 만약 그렇다면 기본서부터 충실히 보라고 말씀드리겠습니다. 하지만 800점에서 900점 중반까지의 성적이 목표라면 굳이 토익 기본서를 볼 이유는 없습니다.

여러분은 제가 시행착오를 거치면서 최종적으로 알아낸 '토익 단어와 실전 모의고사' 공부법을 이용하기 바랍니다. 저 또한 처음부터 이러한 방식으로 공부를 했다면 더 짧은 시간에 토익 공부를 끝낼 수 있었으리라 생각합니다.

고난도 모의고사를 풀어야 하는 이유

제가 했던 또 다른 실수는 실전 모의고사의 난이도를 생각하지 못한 것입니다. 모의고사를 이용해 공부하면서 들었던 가장 큰 걱정은 '내가 풀고 있는 문제집이 실제 토익과 난이도가 정말 비슷한가?'였습니다. 시중에는 매우 많은 종류의 실전 모의고사가 있습니다. 문제의 수준 역시 다양합니다. 일부 문제집은 아주 쉽게 구성되어 있고, 어떤 교재는 꽤 어렵습니다.

처음 토익 공부를 시작했을 때는 주변에 물어볼 사람도 없어 문제 난이도는 전혀 고려하지 못했습니다. 너무 어려운 교재만 제외하고 무작정 다양한 문제집을 풀었습니다. 어려운 문제집을 피해 책을 선택하다 보니 나중에는 웬만한 문제는 다 정답을 맞히는 경지에 도달했습니다. 하지만 실제 토익에서는 고난도 문제들을 틀리고 말았습니다. 그 후로 두 번째 토익을 준비할 때는 수준이 높은 문제집을 풀었고, 945점이라는 점수를 받을 수 있었습니다.

이 책을 읽는 독자 대부분은 토익을 한 번도 쳐 보지 않은 분이라 생각합니다. 그래서 뒷부분에 현재 시중에 나와 있는 실전 모의고사 문제집의 난이도를 실제 토익과 비교하여 말씀드리겠습니다. 이 난이도 표를 참고하여 자신의 학습 진도에 맞춰 문제를 풀어 나가면 더 효과적이라 생각합니다.

처음에는 낮은 수준의 문제를 풀다 시험 치기 직전에는 가장 어려운 문제집을 푸는 방식을 추천합니다. 고난도 실전 모의고사 문제집은 실제 토익 시험과 비교해 약 2배 이상 어렵다고 생각합니다. 공부하는 당시에는 버거울 수 있지만, 실제 시험장에서는 상대적으로 문제가 쉽게 느껴질 것입니다. 간혹 어려운 문제를 만나도 당황하지 않고 지문을 읽을 수가 있고요. 처음에는 쉬운 문제로, 나중에는 어려운 문제로 난이도를 조절하기 바랍니다.

★ 실전 Tip: 모의고사 문제집 고르기

실제 토익 시험과 실전 모의고사 난이도 비교

◆ 기준: 실제 토익 시험 (난이도: ★★★)

- ETS TOEIC Test 공식 실전서 5세트 (난이도: ★★)

- ETS TOEIC Test 공식 문제집 5세트 (난이도: ★)

- ETS 토익 정기시험 기출 문제집 (난이도: ★★★)

- YBM 실전 토익 1000-1 (난이도: ★★★)

- YBM 실전 토익 1000-2 (난이도: ★★★★★)

- 해커스 토익 실전 1000제-1 (난이도: ★★)

- 해커스 토익 실전 1000제-2 (난이도: ★★★)

- 해커스 토익 실전 1000제-3 (난이도: ★★★★)

- 파고다 토익 적중 실전 Vol.1 3rd Edition (난이도: ★★)

토익 900
굳이 넘어야 하나?

'토익 공부를 시작했는데 900점은 넘어야 하지 않겠어?' 주변을 보면 이렇게 생각하는 분들이 있습니다. 여러분의 생각은 어떻습니까? 제 생각을 말씀드리기 전에 먼저 묻고 싶은 질문이 있습니다.

"여러분은 토익 시험을 왜 치려고 하십니까?"

아마 99% 이상은 취업 때문일 것입니다. 제 주변에는 뚜렷한 이유 없이 그저 영어 공부를 위해 토익을 치려는 누나 한 명이 있었습니다. 누나는 토익 공부법을 가르쳐 달라고 했지만, 저는 단호히 토익을 공부하지 말라고 했습니다. 이유는 토익을 공부한다고 해서 영어 실력이 향상되지는 않기 때문입니다.

만약 여러분 중에도 취업과 관계없이 토익을 공부하고자 하는 분이 있다면 말리고 싶습니다. 토익 성적은 실제 영어로 원활히 대화할 수 있는 능력과 비례하지 않습니다. 토익을 열심히 공부해 만점을 받는다면 해외여행에서 유창하게 말할 수 있을까요?

앞서 말씀드린 누나의 사례처럼 토익 성적을 어디에 제출할 목적이 아니라면 굳이 영어 공부를 위해 토익을 선택하지 않아야 합니다. 차라리 영어 회화 공부가 훨씬 유용합니다. 이런 말씀을 드리는 이유는 꽤 많은 분이 토익 900점에 환상을 갖고 있기 때문입니다.

토익 945점을 받았다고 하면 사람들이 보이는 반응은 비슷합니다. "영어를 굉장히 잘하겠네요." "여행 가면 편하겠어요." "외국인과 만나도 전혀 부담 없겠네요." 정말 그럴까요? 고백하자면 저는 영어 말하기에 능숙하지 못합니다. 대화가 안 될 정도는 아니지만, 사람들의 기대만큼 원활하지 않습니다. 결국 토익 성적과 영어 실력(말하기)은 아무런 관계가 없다는 점을 분명히 말씀드리고 싶습니다.

토익은 시험일 뿐이다

책을 쓰기 위해 준비하면서 주변의 많은 사람에게 토익 공부를 가르쳐 주겠다고 이야기했습니다. 그럴 때마다 사람들은 자신은 영어를 하나도 못하므로 아무리 공부해도 좋은 성적을 기대할 수 없다고 했습니다.

이것은 잘못된 선입견입니다.

다시 한번 말씀드리지만, 영어 실력과 토익 점수는 크게 상관이 없습니다. 아무리 토익 성적이 높아도 영어 실력은 안 좋을 수 있습니다. 반대로 영어 실력은 좀 부족해도 토익은 고득점을 받을 수 있습니다. 토익은 하나의 시험일 뿐입니다. 수학 시험을 준비할 때 공식을 외우고 기출 문제를 풀며 준비하듯 토익 시험도 마찬가지입니다.

많은 분이 토익 시험을 준비하면서 하는 실수가 있습니다. 바로 토익 시험에 대비하지 않고 영어 실력을 올리려 한다는 점입니다. 이는 너무나 잘못된 학습법입니다. 물론 영어 실력이 뛰어나면 공부하지 않아도 토익 고득점을 받을 수 있습니다. 그런데 그 정도 수준의 영어 실력에 도달하기 위해서는 얼마나 많은 시간과 노력이 필요할까요?

토익을 준비하기 전 자신에게 질문해 봐야 합니다. 원하는 것이 영어 실력인지 아니면 토익 성적인지. 만약 영어 실력을 올리고 싶다면 토익을 공부할 이유가 없습니다. 다른 효과적인 방법이 얼마든지 있으니까요.

이 책은 영어 실력이 아니라 토익 성적이 필요한 분들을 위한 책입니다. 너무 시험 성적만을 강조한다고 생각할 수 있지만, 제가 책을 쓴 목적은 명확합니다. 단기간에 토익 고득점을 받는 방법을 안내하기 위함입니다. 좀 더 현실적인 얘기를 하자면 회사에서도 여러분의 영어 실력을 요구하는 것이 아닙니다. 단지 토익이란 시험에서 어느 정도의 점수를 받을 수 있는 사람인지를 알고 싶은 것입니다.

자, 그렇다면 이제 다시 토익 900점을 넘기고자 하는 분들에게 묻고 싶습니다. 왜 토익 900점을 받고 싶습니까? 만약 정확한 이유를 댈 수 없다면 굳이 그 점수를 위해 열심히 준비할 필요는 없다고 생각합니다.

처음 책을 쓰려고 목차를 잡았을 때는 이 장에서 토익 900점을 넘기기 위한 학습법을 쓰려고 했습니다. 하지만 글을 쓰면서 생각이 바뀌었습니다. 토익 900점이 꼭 필요할까 하는 문제를 제기하고 싶습니다.

취업하고 싶은 회사의 토익 점수부터 확인하라

대부분 회사에서는 토익 800점을 요구합니다. 간혹 850점 이상을 요구하기도 하지만, 그런 회사는 대부분 실제 영어와 관련된 업무를 하는 곳입니다. 취업을 위해 토익 공부를 한다면 가장 먼저 해야 할 일은 목표하는 회사에 필요한 토익 점수 확인하기입니다. 만약 토익 850점을 요구하는 회사라면 그 점수를 목표로 공부하면 됩니다.

취준생들을 보면 '고고익선'이라는 말을 종종 합니다. 토익 성적이 높으면 높을수록 좋다는 뜻입니다. 그러나 이는 현실과 다릅니다. 취업자들의 토익 성적이 대부분 950점 이상이라고 하더라도 크게 걱정할 필요가 없습니다.

실제 취업한 선배의 말이나 대기업 인사 담당자의 신문 인터뷰를 보면 알 수 있습니다. "토익은 합격선 점수만 넘기면 된다. 높은 점수라고 해서 더 유리하지 않다. 단지 합격자들의 토익 점수가 대체로 높을 뿐이다."

대한민국 청년들은 현재 극심한 취업난을 겪고 있습니다. 이런 시대 분위기가 우리를 불안하게 합니다. 토익 점수가 조금 더 높아지면 취업에 유리할까 하는 마음에 토익 공부를 손에서 놓지 못합니다. 800점, 850점을 만들어 놓고도 계속 공부합니다. 하지만 사람을 뽑는 회사도 같은 생각일까요? 토익 점수 몇십 점이 취업에 영향을 미칠까요?

　토익은 기준점만 넘으면 됩니다. 토익 성적 차이로 취업결과가 바뀌는 예는 없을 것입니다. 처음 목표했던 점수를 얻었다면 더 이상 토익에 연연하지 말아야 합니다. 남은 에너지를 토익이 아닌 다른 곳에 쏟기 바랍니다.

　이 책에서 말씀드리는 공부법대로만 한다면 토익 800점은 쉽게 넘길 수 있습니다. 단어부터 공부하고 토익 기출과 모의고사를 풀면서 이 책에서 설명하는 문제 풀이 기술을 익힌다면 대부분 3개월 이내에 원하는 목표에 도달할 수 있을 것입니다.

　첫 장을 마치며 다시 한번 말씀드리고 싶습니다. 안타깝게도 높은 토익 성적이 취업에 큰 도움이 되지는 않습니다. 과거에는 분명 토익 고득점이 취직할 때 많은 영향을 주었습니다.

　제 아버지도 당시 남들보다 높은 토익 성적을 받아 취업에 도움이 되었다고 합니다. 그러나 지금은 너무나 많은 분이 토익에서 고득점을 받고 있습니다. 더 이상 토익 점수가 자신을 돋보이게 하는 무기가 될 수 없습니다. 이제는 눈을 돌려야 합니다. 토익에 대한 부담감을 내려놓고 다른 영역의 능력 개발에 더 시간을 써야 합니다. 토익은 일정 기간만 공부하고 손을 떼면 좋겠습니다.

　이 책이 토익을 처음 공부하는 분에게 좋은 길잡이가 되리라 생각합니다. 책 내용을 충실히 따라 공부한다면 여러분이 원하는 회사에 취업할 때 토익이 걸림돌이 될 일은 없을 것입니다. 그리 긴 시간이 필요하지 않습니다. 딱 석 달입니다.

 그럼 이제 제가 군대에서 어떻게 토익 공부를 했는지 이야기를 시작하겠습니다.

2

다이어트와 토익!
군대에서 얻은 2가지

평생 잊지 못할 하루

2017년 2월 20일.

만약 제게 가장 돌아가고 싶지 않은 하루를 고르라고 한다면 바로 이 날입니다. 제게 있어 평생 잊지 못할 하루, 바로 군 입대일입니다. 제대한 날이 더 최근이지만, 의외로 기억이 잘 나지 않습니다.

입대 날 기억은 아직도 모든 것이 생생합니다. 군대를 다녀온 분이라면 대부분 오랜 세월이 흘러도 그날을 또렷이 기억하리라 생각합니다. 지금부터 그날 하루 얘기를 들려 드리겠습니다.

이야기의 처음은 입대 날 새벽부터 시작됩니다. 입대 이틀 전 저는 교회 수련회를 갔었습니다. 평상시 교회 수련회를 다녀오면 피로가 쌓여 1주일 정도는 쉬곤 했습니다. 그날 밤은 달랐습니다. 수련회가 끝나고 겨우 하루밤에 지나지 않아 여전히 피곤했지만, 쉬이 잠자리에 들지 못했습니다. 내일이면 군대 간다는 생각에 마음이 편안하지 않았습니다. 불안한 기분에 침대에 누워 뒤척이며 시간을 보냈습니다.

어떻게 잠이 들었는지도 모르겠습니다. 다시 눈을 떴을 때 시간은 오전 5시 7분이었습니다. 아침에 일어나 시계를 보는 그 순간에도 여전히 실감이 나지 않았습니다. 평상시라면 다시 잠을 청할 시간이지만, 그날은 달랐습니다.

책상에 앉으니 수능 치던 날이 생각났습니다. 그때도 비슷한 시간에 일어나 똑같은 책상에 앉아 가벼운 불안에 떨었는데요. 다만 그때와는 기분이 사뭇 달랐습니다.

수능을 치던 날은 두려움과 함께 약간 설레는 마음도 함께 있었다면 입대 날의 마음은 온통 우울함뿐이었습니다. 오해는 하지 않았으면 합니다. 군대의 힘든 점을 말하려는 의도가 아닙니다. 답답한 마음은 입대 첫 날에만 해당합니다.

돌아보면 군 생활은 정말 유익하고 보람찬 시간이었습니다. 많은 분이 보람이 있었다는 말에 코웃음 칠 수도 있지만, 이 책을 다 읽어 보면 제 말씀에 공감할 겁니다. 다시 한번 '군대는 힘들고 무의미한 시간이다'는 생각이 선입견일 수 있다는 얘기를 하고 싶습니다.

책상에 앉아 멍하니 시간을 보내고 있으니 7시가 되었고, 멀리서 알람 소리가 들렸습니다. 평상시에는 조금 늦게 일어나시던 어머니와 아버지가 그날은 알람이 울리자마자 일어나셨습니다.

두 분도 그리 잘 주무시지는 못한 눈치였습니다. 우리 가족 중에는 제가 군대를 처음으로 가기 때문에 부모님 걱정이 더욱 크셨습니다.

부모님과 함께 아침을 먹었습니다. 평소와 달리 아무도 말을 하지 않았습니다. 침묵 속에서 TV 소리만 들렸습니다. 식사 후에는 모두 거실 소파에 앉았습니다. 중간중간 아버지는 농담도 하고 걱정하지 말라며 위로의 말씀을 해 주셨지만, 제 마음은 그리 편하지 않았습니다. 당시에는 아버지의 위로가 귀에 들어오지 않았습니다. 군대 경험이 없으신 아버지 얘기가 제 마음에 크게 와닿지 않았던 것 같습니다.

시간은 금방 흘러 12시가 되었습니다. 아버지는 이제 출발하자고 말씀하셨습니다. 정말 2시간 후면 입대한다는 생각에 두려움이 점점 커졌습니다. 평소 저는 별로 겁도 없고 걱정도 하지 않는 성격이라 입대에 대해서도 큰 공포가 없었습니다.

하루 전까지만 해도 마음이 아무렇지도 않아 '역시 나는 군대도 아무 걱정 없이 잘 가는구나' 하며 자신만만한 상태였습니다. 그런데 정작 당일이 되고 입대 2시간 전이 되자 발걸음이 떨어지지 않았습니다. 짧은 순간이었지만, 무섭다는 생각도 들었고요. 너무 무거워진 몸과 마음이었지만, 아무렇지도 않은 척하며 아버지 차를 탔습니다.

해군에 입대하기 때문에 진해로 가야 했습니다. 사는 집이 마산이어서 진해까지는 차로 20분 정도의 짧은 거리였습니다. 차 안에 앉아 창밖을 바라보며 '마창대교의 아름다운 풍경은 당분간 못 보겠지…' 하는 생각에 마음이 먹먹했습니다.

진해에 도착해 부모님과 점심을 먹으러 초밥집에 들어갔습니다. 가장 좋아하는 음식이지만, 그때는 정말 어떠한 맛도 느껴지지 않았습니다. 밥을 먹고는 있지만 아무 힘이 나지 않고, 그저 음식을 씹는 행위만 할 뿐이었습니다.

제대한 지금 돌아보면 그때 참 별걱정을 다 했다는 생각이 듭니다. 군 생활을 마친 지금 생각해 보면 군 복무 22개월 전체에서 가장 힘들었던 날이 바로 입대 날입니다. 그 후로는 크게 힘들었던 기억이 없습니다.

영어 공부도 시작이 어려울 뿐 시작만 한다면 잘 해낼 수 있습니다.

같은 하늘
다른 세상

군 복무 기간 중에서 가장 힘든 날은 입대 날이고 가장 힘든 기간을 고르라면 훈련소 기간이라고 생각합니다. 지금부터는 훈련소 기간 이야기를 해 볼까 합니다.

오후 2시쯤 진해기지사령부로 들어간 후 입대 행사에 참여했습니다. 행사 마지막 순서는 부모님께 절을 하는 시간이었습니다. 너무나 많은 사람이 있어 부모님이 어디에 있는지도 몰랐지만, 그냥 정신없이 절을 했습니다. 절을 하면서 이제 진짜 시작이라는 마음이 들었습니다.

그렇게 입대 행사가 끝나고 마지막으로 부모님과 있을 수 있는 시간이 남았습니다. 저희는 행사 장소에서 조금 떨어진 곳에 있는 기초군사교육단으로 향했습니다. 짧은 거리를 걸으며 마지막으로 부모님께 작별인사를 드렸습니다. 눈물이 날 것 같고 두려운 마음이 들었지만, 겉으로는 담담한 척하며 잘 갔다 오겠다고 인사를 드렸습니다. 마지막 인사를 드리고 드디어 홀로 훈련소 안으로 들어갔습니다.

들어가는 순간 조교들의 분위기가 변화했음을 느꼈습니다. 그들은 더 이상 평범하게 이야기하지 않았습니다. 고함지르듯 소리치며 말하기 시작했습니다. 그러던 중 하늘을 바라보았습니다.

정말 그때의 하늘은 아직도 생생합니다. 훈련소 안에서 본 하늘은 분명 조금 전과 같은 하늘이건만, 이제는 잿빛으로 보였습니다. 조금 전 그곳과 겨우 100m 떨어진 훈련소는 너무나 어둡고 추운 곳이었습니다.

그 후 생전 처음 느끼는 분위기 속에 바쁘게 하루를 보냈습니다. 정신없이 지낸 후 밤 10시가 되어서 침대에 누웠습니다. 평상시 잠이 잘 들지 못해 걱정했었지만, 그날은 침대에 눕자마자 곯아떨어졌습니다.

다음 날 아침 눈을 떴을 때 온전히 제가 처한 현실을 느낄 수 있었습니다. 늘 자던 편안한 침대가 아니었고 익숙한 공기도 아니었습니다. 감정적으로 저는 이방인이었지만, 그곳을 받아들여야 했습니다.

낯선 환경을 수긍하며 다른 생각이 이어졌습니다. 어제와 똑같은 하루가 690일 동안 반복될 텐데 견딜 수 있을까? 현실을 깨닫고 나니 마음이 답답해졌습니다. 맙소사! 6일도 아니고 90일도 아니고, 무려 690일인데 잘 버틸 수 있을까?

너무 막막해지는 순간이었습니다. 지난 20년 동안은 노력하면 어려운 현실이라도 극복해 나갈 수 있었습니다. 하지만 군대는 다릅니다. 그 순간 제가 느낀 그곳은 제 의지로 바꿀 수 있는 환경이 아니었습니다.

아무리 노력한다고 해도 무엇 하나 바뀌지 않고 하루하루 똑같이 690일을 지내야 한다는 사실이 저를 절망감에 빠지게 했습니다. 그렇게 두려운 마음으로 며칠을 지냈습니다.

친구라는 행운

훈련소 기간은 크게 5개로 나누어져 있습니다. 그중 첫 번째 기간이 바로 '가입소' 기간입니다. 아무리 생각해도 군대에 있을 수 없겠다는 사람들에게 다시 집으로 돌아갈 기회를 주는 시간입니다.

첫날을 보낸 후 몇몇 친구들은 정말 집으로 돌아갔습니다. 그 모습을 보며 저 또한 잠시 상상에 빠지기도 했습니다. '지금 집으로 가면 어떻게 될까? 여기서 잘 버틸 수 있을까?'

아무리 생각해 봐도 690일은 끝날 것 같지 않은 긴 시간이었습니다. 그렇게 오랜 기간 과연 내가 군 생활을 할 수 있을까? 확신이 서지 않았습니다. 짧은 시간이었지만, 참 많은 고민을 했습니다.

둘째 날 역시 전날과 똑같은 하루였습니다. 6시 15분에 일어나 6시 30분까지 집합하고, 오전 조별 과업을 하고 7시 30분에 아침을 먹었습니다. 군대에서는 모든 일이 정해진 시간에 맞춰 이루어집니다.

많은 분이 군 생활의 어려운 점을 무서운 선임들의 군기와 훈련이라 여기지만, 제 생각은 다릅니다. 그건 아직 군대를 가 보지 않은 분들의 선입견입니다. 군대가 정말 힘든 이유는 일상이 변하지 않기 때문입니다. 어제도 오늘도 내일도 똑같은 날이 반복됩니다. 지루함은 그 자체로 사람을 힘 빠지게 합니다.

이틀째도 똑같은 하루를 지내고 같은 시간에 침대에 누웠습니다. 다음 날도 마찬가지입니다. 같은 시간에 일어나 똑같은 일상을 반복했습니다. 달라질 게 없었죠. 몸은 환경에 익숙해지기 시작했지만, 마음은 갈수록 피폐해지는 느낌이었습니다.

같은 일상을 며칠째 반복하다 보니 삶에 대한 열의가 사라졌습니다. 자신감도 줄어들었고요. 더는 버티기 어렵겠다는 생각을 했습니다. 690일의 똑같은 날들을 참아 내기가 무리라는 판단이 들었습니다.

'그래 집으로 가자! 가서 다른 길을 생각해 보자.' 4일째 되던 날 먼저 떠난 친구들처럼 그곳을 떠나야겠다고 결심했습니다.

그렇게 마음을 먹은 날 같은 소대에서 우연히 한 친구를 만났습니다. 친구라기보다는 입대하기 몇 달 전 교회 수련회에서 만난 적 있는 동갑내기였습니다. 수련회에서는 말 한마디 해 보지 않은 사이였지만, 군대라는 특수한 환경에서 만나니 오랜 친구처럼 반가웠습니다.

대화해 보니 서로 잘 통했고 가치관도 비슷해 우리는 쉽게 친해졌습니다. 말벗이 생긴다는 것만으로 인생이 달라질 수 있음을 그때 깨달았습니다. 친구 덕분에 집으로 가겠다는 마음을 간신히 억누르다 어느 날 말을 꺼냈습니다.

"나는 이렇게 똑같이 반복되는 하루를 690일 동안 보내야 한다는 사실이 너무 두려워. 앞으로 잘 버틸 수 있을지 걱정이 된다."

조심스럽게 말을 했는데 친구도 같은 걱정을 하고 있다고 이야기했습니다. '아…. 사람은 누구나 비슷하구나!' 같은 고민을 하고 있다는 친구의 한마디가 어찌나 큰 힘이 되던지요. 옛말에 걱정은 나누면 반이 된다고 했는데 맞는 말이었습니다. 고민을 친구와 함께 나누고 서로 공감하니 마음이 한결 편안해졌습니다.

속마음을 나눌 수 있는 친구 덕에 기분이 회복되었고 그날부터는 잠도 잘 잤습니다. 어제와 같은 하루를 보내고 같은 침대에 누웠지만, 마음은 전혀 달랐습니다. 내일은 오늘보다 조금 더 나은 하루가 되겠다는 희망이 생겼습니다.

우린 많은 이야기를 했습니다. 대화를 나누면서 이 순간이 참 소중한 시간이라는 생각이 들었습니다. 군대에 오기 전에는 친구들과 진중한 얘기를 한 적이 별로 없었습니다. 항상 영화나 게임 같은 놀이나 먹고 싶은 음식 등이 대화 소재였습니다.

군에서는 달랐습니다. 같이 힘든 현실에 놓여 있고 늘 붙어서 지내다 보니 깊고 다양한 대화를 나눴습니다. 이런 경험이 우리를 어른으로 만드는 것이겠지요. 우리가 주고받은 이야기들은 군대를 오지 않았으면 전혀 떠올리지 못할 화제들이었습니다.

군대는 시간을 버리는 곳이 아니었습니다. 인생의 황금기를 낭비하는 곳이 절대 아닙니다. 마음먹기에 따라 새로움과 깊이를 발견하는 시기가 되기도 합니다. 누군가에게는 성찰과 성숙의 출발점입니다.

좋은 친구를 만나 관점이 바뀌자 생각도 적극적으로 변했습니다. 군대라는 제한된 환경 속에서 배우고 얻을 수 있는 무언가가 있지 않을까? 그것을 찾아내는 것 역시 제 몫이라는 생각이 들었습니다.

태도가 바뀌자 군 생활이 밝아 보였습니다. 690일이란 시간을 버티지 못하겠다는 두려움은 상당 부분 사라져 가고 있었습니다. 이제는 어떻게 하면 군대에 있는 시간을 더 의미 있게 보낼까 하는 생각만 가득했습니다. 제 미래는 그렇게 바뀌기 시작했습니다.

잃어버리는
시간은 없다

　새 친구를 통해 생활의 활력을 찾으면서 마음속에는 한 가지 고민거리가 생겼습니다.

　"군 생활에서 무엇을 얻을 수 있을까?"

　내가 바꿀 수 없는 상황이라면 주어진 환경에서 최선을 다하자고 마음을 먹었습니다. 남은 기간 매일 똑같은 하루가 반복되겠지만, 어떠한 마음을 가지고 임하느냐에 따라 전혀 다른 결과가 나타날 것이기 때문입니다.

　뚜렷한 목표는 정하지 못했지만, 2년 가까운 시간을 허투루 보내지 않겠다는 의지는 충만했습니다. "지금 당장 무엇을 할 수 있을까?"

아무리 생각해도 훈련소에서는 딱히 할 만한 일이 없었습니다. 자유 시간이 거의 없고 정해진 일을 주어진 시간에 해야 하는 곳이니까요. 몸은 피곤하고 마음도 여유가 없는 상황이었습니다. 그런 조건에서 무엇을 할 수 있을까요?

특정한 목표를 가지고 싶다는 열망은 도전할 거리를 찾아 주었습니다. 처음 입소한 날부터 똑같은 일상을 반복했지만, 태도가 바뀌니 할 수 있는 일이 보였습니다. 제가 생각하기에도 신기한 일입니다.

첫 번째 도전은 바로 '다이어트'였습니다. 목표를 정하고 나니 반복되는 일상에 의미가 생겼습니다. 모든 시간이 가치 있는 순간이 되었습니다. 이전에는 힘들게만 느꼈던 훈련을 다이어트 목표가 생긴 후에는 운동으로 받아들일 수 있었습니다. 훈련이 곧 운동이라고 생각하니 더 적극적으로 참여할 수 있었습니다.

어차피 바꿀 수 없는 현실이라면 이곳에서 최선을 다하자 생각하며 모든 일을 했습니다. 지루한 일상이더라도 관점과 태도에 따라 세상이 달라질 수도 있다고 느꼈습니다. 저에게는 큰 깨달음입니다.

훈련소 기간에 얻은 값진 경험이 하나 더 있습니다. 바로 다양한 친구를 만난 일입니다. 사회에서는 친구를 사귀는 데 한계가 있습니다. 학교, 직장 등의 울타리 속에서 교류하니 만날 수 있는 사람의 폭에 제한이 있습니다. 타인을 만날 기회가 한정되고 자신과 비슷한 상황의 사람들만 주변에 있게 마련입니다.

그러나 군대에서는 다양한 사람을 만나게 됩니다. 사회에서는 쉽게 친구가 될 수 없었던 사람, 자신이 살아왔던 길에서는 전혀 만날 일이 없는 사람과도 관계를 맺게 됩니다. 인식이 넓어지고 시각이 다양해지는 느낌을 받았습니다. 세상을 더 배우는 셈이지요.

훈련소 기간 저에게 일어난 가장 큰 변화는 '모든 일은 마음먹기에 달렸다'는 말을 받아들이게 되었다는 점입니다. 어릴 때부터 자주 들어 왔던 얘기지만, 그때까지 믿지 않았습니다.

군대에서 어려운 현실이 닥쳤을 때 비로소 깨달을 수 있었습니다. 여러분도 지금 하는 일이 쓸모없고 시간만 버린다는 생각이 들 수 있습니다. 하지만 제 생각은 다릅니다. 인생을 살아가면서 버리는 시간은 없습니다. 어떤 일이든 관점에 따라서 얼마든지 의미가 생길 수 있기 때문입니다.

영어 공부도 마찬가지라고 생각합니다. 앞으로 반복해서 강조하겠지만, 영어를 공부하면서 가장 중요한 요소는 단어입니다. 처음 단어를 공부할 때는 별 도움이 안 된다는 느낌을 받습니다. 아무리 단어를 외워도 지문 해석은 어렵고, 듣기 실력도 쉽게 늘지 않습니다. 단어 학습을 등한시하는 이유입니다. 그러다 많은 사람이 단어 공부를 중간에 포기하게 됩니다.

상당수 수험생이 단어 공부 대신 토익 학습서를 통해 문제를 풀고 문법을 공부합니다. 문법 공부와 문제 풀이가 단어 암기보다는 재미있기 때문입니다. 공부가 둘 다 재미있지는 않겠지만, 단어 공부는 암기이다 보니 더 지루할 수밖에 없습니다. 그러나 이 사실을 알아야 합니다. 단기간에 토익 고득점을 원한다면 단어 암기에 시간을 투자해야 합니다. 단어 공부가 선행되지 않으면 아무리 많은 문제를 풀어도 토익 점수 획득에는 한계가 있기 때문입니다.

버려지는 시간은 없습니다. 당장 문제 풀이에 도움이 되지 않는 단어 암기가 토익 고득점에 중요한 바탕이 되듯 세상사는 비슷하다고 생각합니다.

여러분이 속한 학교, 회사 등 모든 현실 속에도 불필요하고 낭비되는 시간처럼 보이는 일이 있을 수 있습니다. 그러나 어떤 경우에도 의미를 두려고 한다면 달라지지 않을까요? 주어지는 환경이 만족스럽지 못하더라도 나름의 목표를 가지고 임한다면 세상은 다르게 보일 겁니다.

저는 군 생활을 겪으면서 큰 깨달음을 얻었습니다. 인생에 버려지는 시간이란 없습니다. 어떤 형태로든 오늘의 노력은 미래의 우리에게 도움을 주리라 생각합니다.

내 몸의 흑역사

군대를 전역한 지금, 주변 사람들이 저에게 가장 많이 하는 질문은 토익 공부법이 아닙니다. 어떻게 다이어트를 했는지 자주 물어 옵니다. 어쩌면 이 글을 읽고 있는 여러분도 관심 있는 주제일 수 있어 짧게 소개하고자 합니다.

저는 입대하기 전 키 163cm에 몸무게 78kg이었습니다. 신체검사를 받으면 고도비만이었죠. 지금은 58kg이 되었습니다. 군대에 있는 동안 20kg을 감량했고 지금까지 잘 유지하고 있습니다. 요요 현상도 전혀 없습니다.

어렸을 때는 전혀 뚱뚱하지 않았습니다. 우량한 편도 아니었고 오히려 마른 체형이었습니다. 고등학교에 진학하기 전까지만 하더라도 뚱뚱한 제 모습을 상상조차 해 본 적이 없습니다.

고등학교에 올라가면서부터는 더 이상 운동을 하지 않았습니다. 입시 환경이 공부에만 신경 쓰게 만들었습니다. 운동을 전혀 할 수가 없었죠. 그렇게 지내다 보니 살이 빠르게 찌기 시작했습니다. 체중이 급속도로 늘어나면서 걱정도 했지만, '나중에 대학 가면 자동으로 빠지겠지' 하고 생각했습니다. 안일한 판단이었습니다.

수능이 끝난 후 방학 때도 살을 빼기 위한 노력을 하지 않았습니다. 대학에 가서는 체중이 점점 더 늘더니 인생 최고 몸무게인 78kg을 찍게 됩니다.

하지만 당시에는 제가 뚱뚱하다고 생각하지 않았습니다. 그냥 몸이 조금 커졌다고만 생각했습니다. 자기 최면에 빠져 지냈다고 할까요. 지금 생각하면 살이 찌지 않을 수가 없었습니다. 일단 저는 아이스크림을 너무 좋아합니다. 보통 분들이 좋아하는 수준이 아닙니다. 저의 아이스크림 섭취 역사를 간략히 말씀드리겠습니다.

저는 대학교 1학년 때 혼자 자취를 했습니다. 당시 집에서 매일 아이스크림 한 통을 기본으로 먹었습니다. 그것만으로도 많은 양인데, 오며가며 계속 여러 종류의 아이스크림을 사 먹었습니다. 거의 매일 아이스크림 한 통, 작은 아이스크림 5개 정도를 먹은 셈입니다. 어찌 살이 찌지 않을 수 있을까요?

1학년 동안 생활비 대부분이 아이스크림 비용이었습니다. 그렇게 매일 엄청난 양의 아이스크림을 먹었고 운동은 전혀 하지 않았습니다. 몸무게는 빠른 속도로 증가했습니다.

고등학교 때까지는 살이 쪄도 65kg 정도에 머물렀는데, 대학 1학년이 되어서는 단 6개월 만에 78kg까지 불어났습니다. 이 정도로 몸무게가 늘어나니 외모는 물론 건강도 나빠졌지만, 스스로는 살이 쪘다고 인정하지 않았습니다.

주변 분들, 특히 아버지가 매일 살을 빼라고 말씀하셨지만, 저는 귀담아듣지 않았습니다. 겉으로는 뚱뚱해 보였는지 모르지만, 전혀 신경 쓰지 않았습니다. 요즘 와서 그때 사진을 쳐다보니 보기 좋지는 않습니다. 당시 부모님과 외출하면 아버지와 친구로 보는 사람도 있었으니까요.

살이 쪄 외모가 변한 것은 제게 별로 중요하지 않았습니다. 외모로 다이어트를 고민해 본 적이 없었으니까요. 살을 빼야겠다고 마음먹은 날은 어느 순간 몸에 불편을 느꼈던 때입니다.

지금 정상 체중이 되고 보니 뚱뚱했을 때 몸이 얼마나 안 좋았는지를 알 수 있습니다. 그때는 잘 몰랐지만, 체중을 줄이고 보니 이전보다 피곤하지도 않습니다. 잘 아프지도 않은 것 같고요.

체중이 많이 나가던 시절에는 건강 상태가 정말 안 좋았습니다. 스무 살의 몸이라고는 믿어지지 않을 만큼 간 수치, 혈압, 혈당 수치가 높았습니다. 이대로 가면 당뇨가 올 수도 있다는 얘기까지 들었습니다. 하지만 그때는 젊다는 이유로 대수롭지 않게 넘겼습니다. 체질적으로 본래 혈압이 높은 편이라고 여겼습니다. 어리석은 생각이었죠.

살을 빼고 정상 체중이 되니 모든 수치도 정상으로 돌아왔습니다. 몸이 가벼우니 마음도 상쾌합니다. 저는 제 몸을 통해 알았습니다. 비만이 만병의 근원입니다.

20kg 감량에
성공하다

다이어트를 생각하지 않던 제가 어떤 계기로 감량을 결심했을까요? 시작은 군대에 들어가기 전 신체검사 때였습니다.

다들 알다시피 대한민국의 모든 남자는 20살이 되면 신체검사를 받아야 합니다. 저 또한 20살이 되던 그해 7월 신체검사를 받으러 창원에 있는 경남지방병무청으로 갔습니다. 그때까지 항상 체력과 건강에는 자신이 있었습니다. 운동도 곧잘 하고 크게 아픈 적도 없어 당연히 1급이겠거니 하는 마음으로 신체검사를 받았습니다.

그러나 결과는 예상외였습니다. 신체검사를 마치고 최종적으로 검사

결과를 받으러 갔을 때입니다. 담당자는 저에게 군대에 가고 싶냐고 물었습니다. 생각해 본 적 없는 말에 당황하고 있는데 다음 질문이 이어졌습니다. 혹시 다른 데 몸이 안 좋은 곳은 없냐는 것입니다. 왜 그러냐고 물어보자 제가 3급에 해당하는 사유가 4개나 있다고 했습니다. 만약 조금 더 몸에 이상이 있으면 현역은 힘들 수도 있다는 얘기를 덧붙이면서요.

순간 너무나 충격을 받았습니다. '내가 현역이 힘든 몸이라고?' 달리 생각해 보면 현역 대신 공익을 가는 편이 더 좋을 수도 있습니다. 하지만 군대에 못 간다는 생각은 한 번도 해 본 적이 없습니다. 현역 입대가 안 되는 사람은 몸이 크게 불편한 사람이라고 생각했으니까요.

군대에 못 갈 수도 있다는 말은 큰 상처였습니다. '나'라는 인간이 부실하게 느껴졌습니다. 만약 4급을 받았다면 근본적인 이유는 살이 쪘기 때문일 겁니다. 담당 선생님에게 몸에는 아무 문제가 없으며 군대에 가고 싶다고 말씀드렸습니다. 그러자 그분은 제 신체검사표에 3급을 찍어 주었습니다.

신체검사 결과를 받기 전까지 항상 건강에는 자신이 있었습니다. 그러나 검사결과를 통해 제 건강이 좋지 않다는 사실을 알게 되었고, 살을 빼야겠다고 마음을 먹었습니다. 그날부로 며칠은 다이어트가 절로 되었습니다. 쇼크가 컸는지 몸이 음식을 거부하는 느낌까지 받았습니다. 하지만 오래가지는 않았습니다. 일주일이 지난 후부터는 예전 습관이 살아났습니다. 다시 아이스크림을 먹으며 이전과 달라지지 않은 모습으로 시간을 보냈습니다. 첫 다이어트 도전은 그렇게 시시하게 끝났습니다.

시간이 흘러 입대한 뒤 훈련소에서 헌혈하는 날이 있었습니다. 군대를 다녀온 분들은 알겠지만, 군대에서는 헌혈하면 훈련을 하루 쉬게 해 줍니다. 훈련 열외 특혜가 있다 보니 거의 모든 병사가 헌혈하고자 합니다. 저 또한 당연히 헌혈하려고 줄을 섰습니다.

헌혈하기 전 기본 검사를 했는데, 담당자는 제게 간 수치가 높아서 헌혈을 할 수 없다고 했습니다. '아, 내 피는 남에게 줄 수 없을 만큼 건강하지 못하구나.' 그렇게 저는 그날 헌혈을 하지 못했고, 헌혈하지 않은 수병들과 함께 온종일 훈련을 받았습니다. 훈련을 받으며 속으로 몇백 번을 외쳤습니다. 이번에는 정말 살을 빼겠다고요.

과거 여러 번 살을 빼고자 노력했지만, 사회에는 다양한 음식이 있고 먹을 기회도 많아 매번 실패했습니다. 그러나 군대는 모든 것이 통제되어 있으니 이번이야말로 절호의 기회라고 생각했습니다. 지금 여기가 아니면 평생 살을 못 뺄 수도 있겠다는 생각에 다이어트를 결심했습니다.

군대에서 다이어트는 사회보다 쉬울 수 있습니다. 하루에 딱 세 끼만 먹고 야식, 간식 등은 안 먹을 수 있습니다. 또 매일 훈련을 하며 운동하기 때문에 대부분의 뚱뚱한 병사들은 살이 빠지게 됩니다. 그러나 저는 이것만으로 부족하다고 생각했습니다. 이왕 살을 빼기로 했으니 몸무게를 최대한 줄여 보자 마음을 먹었습니다.

입대 전 TV에서 봤던 저탄수화물 고단백 식단을 해 보기로 했습니다. 말이 저탄수화물 식단이지 방법은 간단합니다. 그냥 밥을 안 먹기였습니다. 탄수화물인 밥은 딱 한 숟가락만 먹고 나머지 반찬은 마음껏 먹었습니다.

밥을 거의 안 먹고 훈련소에서 지내니 처음에는 죽을 듯이 배가 고팠습니다. 한동안은 매우 힘든 시간이었습니다. 시간이 흐르면서 차차 익숙해지자 공복감도 사라졌고 몸도 예전보다 훨씬 가벼워졌습니다.

6주 동안 다이어트를 했습니다. 훈련소에서는 몸무게를 재지 못해 얼마나 빠졌는지 알 수가 없었습니다. 다이어트 식단에 완전히 적응하자 크게 힘들지도 않아 체중 감량이 되고 있는지 의문이 들기도 했습니다. 노력은 하고 있는데 결과를 알 수 없어 답답했지만, 끝까지 식사를 조절하며 훈련소 생활을 마쳤습니다.

훈련소 수료식에서 부모님을 다시 만났습니다. 그때 부모님은 제 모습을 보고 너무 놀라셨습니다. 6주 전까지만 해도 뚱뚱했던 제가 갑자기 살이 빠져 있으니 어머니는 많이 울었습니다. 군대에서 심하게 고생해서 홀쭉해졌다고 생각했기 때문입니다. 일부러 다이어트를 했다고 말씀드렸지만, 믿지 않았습니다.

부모님의 반응을 보며 몸무게가 꽤 빠졌으리라는 기대감이 들었습니다. 집에 가자마자 체중계에 올라갔습니다. 눈앞에 보이는 숫자에 깜짝 놀랐습니다. 63kg이었습니다. 6주 전만 하더라도 78kg이었는데 6주 만에 15kg을 뺀 것입니다. 매일 제 모습을 마주해서 몰랐지만, 그동안 몸이 크게 변했습니다. 입대 전 사진과 거울 속의 모습을 비교해 보니 다이어트 결과를 분명히 알 수 있었습니다.

그 후로도 살을 더 빼야겠다는 생각이 들어 목표를 정했습니다. 군대에 있는 동안 계속해서 식단을 조절하며 매일 1시간씩 운동을 이어 갔습니다. 단기간에 살을 뺐기 때문에 요요를 걱정하는 주변 사람들도 있었지만, 특별한 부작용 없이 계속 다이어트를 했습니다. 결국 5kg을 더 감량했고 현재까지 58kg을 유지하고 있습니다.

여러분 중에도 체중 때문에 고민하는 분들이 있으실 겁니다. 다이어트를 결심하는 이유는 여러 가지가 있겠지만, 무엇보다 살이 찌면 건강에 좋지 않습니다. 제가 했던 방법을 참고해 다이어트를 한다면 분명 도움이 될 것입니다.

마지막으로 덧붙이고 싶은 말이 있습니다. 다이어트에서 가장 중요한 것은 '식단 조절'과 '운동'이라 생각합니다. 둘 중 하나만 해도 어느 정도 효과는 있습니다. 하지만 병행해야 원하는 성과를 제대로 얻을 수 있습니다.

영어 공부 또한 다이어트와 비슷하다고 생각합니다. 일정 기간 동안은 큰 변화를 느끼지 못할 수도 있습니다. 그러나 꾸준히 공부하며 실력을 쌓아 간다면 언젠가는 빛을 볼 수 있습니다.

다이어트에 식단과 운동이 가장 중요하다면 토익에는 '단어 공부'와 '실전 모의고사'가 핵심입니다. 식단만 조절해도 어느 정도 살이 빠지듯이 '단어 공부'만 하더라도 토익 성적을 올릴 수는 있습니다. 하지만 몸무게를 유지하고 더 멋있는 몸이 되기 위해 운동을 병행하듯이 성적을 더 올리고 완성하기 위해서는 실전 모의고사를 풀어야 합니다.

식단 조절을 하지 않는다면 아무리 열심히 운동해도 성공적인 다이어트를 할 수 없습니다. 마찬가지로 아무리 문제를 많이 풀어 본다고 해도 가장 기초인 단어를 공부하지 않으면 원하는 토익 성적을 달성할 수는 없습니다. 앞으로도 반복해서 강조하겠지만, 단어를 소홀히 여기면 안 됩니다. 단어가 토익 공부의 가장 기초입니다.

3

첫 시험에서 895점을 받다

어떤 기회는
우연히 찾아온다

　후배 한 명이 언젠가 군 생활을 하면서 가장 힘든 순간을 물어본 적이 있습니다. 아마 그 친구는 군대에서 어떤 훈련이 가장 힘든지를 물어보았을 겁니다. 과연 어떤 순간이 가장 힘들까요?
　많은 분이 공감하시겠지만, 군 생활에서 훈련 기간은 그리 많지 않습니다. 제가 복무했던 해군사관학교도 마찬가지입니다. 그럼 가장 힘들었던 순간은 언제일까요? 바로 '군항제' 기간이었습니다. 경남지역 분들이라면 군항제를 아시겠지만, 대다수는 군항제가 어떤 행사인지 잘 모르실 듯합니다.

군항제란 한국에서 가장 큰 벚꽃 축제입니다. 화려한 꽃을 구경하는 행사지만, 진해에서 근무하는 해군들에게는 너무나 힘든 행사입니다. 특히 해군사관학교에서는 1년 중 가장 바쁜 기간입니다. 진해는 일제 강점기 시절 일본 해군 기지가 있던 곳이기에 곳곳마다 벚꽃이 매우 많습니다.

많은 분이 여의도에 벚꽃을 보러 가지만, 진해는 산 전체가 벚꽃으로 뒤덮여 있기 때문에 차원이 다릅니다. 저는 군 생활을 하는 동안 두 번의 군항제를 봤습니다. 지금 생각하면 너무나 아름다웠지만, 그때는 풍경을 느낄 여유가 없었습니다.

일정 기간 지자체에서 벚꽃 축제를 진행하는데 왜 군인들이 힘드냐고 생각할 수 있습니다. 군인들이 힘든 이유는 군항제 기간 동안 해군기지 두 곳을 민간인들에게 개방하기 때문입니다. 그리고 두 곳 중 하나가 바로 제가 복무한 해군사관학교입니다.

앞에서도 말씀드렸듯이 군항제는 매우 큰 행사이기 때문에 어마어마하게 많은 사람이 옵니다. 축제 규모를 짐작할 수 있도록 제가 겪은 한 가지 일화를 말씀드리겠습니다.

해군사관학교 안에는 박물관이 하나 있습니다. 그곳에서는 커피와 음식을 파는 작은 매점도 운영합니다. 군항제 기간을 빼고는 장사하는 모습을 거의 보지 못했습니다. 평소에는 한가한 곳이지만, 군항제 기간에는 달라집니다. 나중에 들은 얘기에 따르면 군항제 기간의 매출이 나머지 1년 치 매출을 훨씬 뛰어넘는다고 합니다.

군항제는 이 정도로 많은 사람이 오는 행사입니다. 전국 규모의 행사이다 보니 해군사관학교에서 근무하는 수병들은 군항제가 시작되기 전까지 매일 청소하고 준비해야 합니다. 그뿐 아니라 군항제 기간이 되면 새로운 당직이 여럿 생깁니다. 대표적으로 주차 당직, 인형 탈 당직, 체험 부스 당직 등이 있습니다.

첫날은 가장 힘들다는 주차 당직을 맡았습니다. 군항제 기간은 총 10일로 당직은 매일 서야 합니다. 이때는 복장이 하복으로 바뀌기 전입니다. 낮의 날씨는 이미 따뜻해졌는데, 두꺼운 옷을 입고 야외 주차장에 근무해야 하니 여간 고역이 아니었습니다.

운 좋게 다음 날 당직이 변경되었습니다. 당직 본부가 근무지가 되었습니다. 본부는 원래 '어학병'이 외국인을 위해 통역을 해 주는 곳으로 가장 편한, 흔히 말하는 꿀 당직 근무지입니다. 덕분에 저는 두 번째 날부터 편안한 마음으로 당직을 섰습니다.

그런데 사람이 서 있으면 앉고 싶고, 앉아 있으면 눕고 싶듯이 아무것도 하지 않는 당직이 슬슬 심심해졌습니다. 평소였다면 관심이 없었을 텐데, 무료한 시간을 보내다 보니 같이 근무하는 어학병인 김 수병과 이런저런 이야기를 하게 됐습니다. 길지 않은 대화였지만, 그 시간에 저는 유익한 정보를 얻었고, 새로운 기회를 만났습니다. '토익 900 달성하기'라는 두 번째 목표는 그렇게 우연히 다가왔습니다.

군대에서 공부해야 한다는 생각은 있었지만, 뚜렷한 계획과 목표 없이 시간을 보내던 차였습니다. 나름 토익 책도 사고 다양한 책을 읽었지만, 확실한 목표를 정하지 않으니 점점 게을러졌습니다.

1년이라는 시간을 의미 없이 흘려보내고 남들처럼 그냥 군 생활을 하고 있었습니다. 훈련소에서 분명 군 생활 동안 이룰 수 있는 목표를 세워 최선을 다하겠다고 마음을 먹었지만, 시간이 지나니 초심은 이미 다 사라지고 말았습니다.

이제는 정말 공부를 시작해야 하는데…. 생활은 이미 타성에 젖어 실행하기가 쉽지 않았습니다. 1년이란 시간이 흐르고 나니 공부하기가 두렵기도 했고요. 전역이 1년도 채 남지 않았는데 이제 와서 공부한다고 과연 토익 성적을 낼 수 있을까 하는 마음이었습니다.

저는 지금까지 매 순간 이렇게 살아왔던 것 같습니다. 지레 겁을 먹고 100% 이길 게임이 아니라면 시작조차 하지 않았습니다. 항상 편하고 확실한 길로만 가려고 했습니다. 많은 기회가 있었지만, 핑계를 대며 피하기 바쁜 삶을 살았습니다.

김 수병은 저와 달랐습니다. 똑같은 군 생활을 하면서도 그는 군대에서 토익 만점을 몇 차례 맞았습니다. 모두가 비슷하게 하는 군 생활로 보이지만, 그는 전혀 다른 삶을 살고 있었습니다. 김 수병의 경우 원래부터 영어를 잘하기는 했지만, 목표를 명확히 계획하고 행동하는 모습을 보며 참 많은 것을 느꼈습니다.

김 수병을 보며 어차피 군항제 동안은 계속 함께할 테니, 가만히 있지 말고 뭐라도 하나 얻어야겠다는 마음을 먹었습니다. 그 후로 김 수병을 만날 때마다 토익 공부에 관해 여러 가지를 물어보았습니다. 고맙게도 김 수병은 토익 공부법을 아낌없이 조언해 주었습니다.

처음 김 수병의 '토익 공부법'을 들었을 때는 조금 당혹스러웠습니다.

토익 만점을 여러 번 맞았으니 어떤 대단한 비법이 있으리라 예상했습니다. 하지만 김 수병이 말한 방법은 너무나 간단했습니다. "단어 책부터 한 권 외우세요."

과연 이 방법대로 하면 높은 토익 점수를 얻을 수 있을까? 남들은 비싼 돈 내고 학원 다니며 공부하는데 독학으로, 그것도 군대라는 상황에서 할 수 있을까? 많은 의문이 들었습니다.

토익 공부
쉽게 시작하기

처음에는 김 수병의 말에 반발했습니다. 도저히 따라 하고 싶지 않은 너무 밋밋한 공부법이었기 때문입니다. 김 수병에게 말했습니다. 대학에 입학하기까지 충분히 영어 단어를 외웠는데 또다시 토익 공부를 하며 굳이 단어를 공부해야 하는지 잘 모르겠다고요. 실제로 학창 시절 12년 동안 수많은 영어 단어를 외워 왔기에 굳이 단어 공부에 시간을 할애할 필요성을 느끼지 못했습니다.

김 수병은 단호했습니다. 토익 단어를 제대로 한 번만 공부해 보면 왜 그렇게 시켰는지 알 수 있다고 했습니다. 김 수병은 입대하기 전 사회에서 토익 과외를 했습니다. 꽤 유명했던 강사로 많은 학생을 가르쳤다고 했습니다.

김 수병은 토익 과외를 할 때 원칙이 있었습니다. 학생이 단어 책 한 권을 다 외우지 않으면 일절 진도를 나가지 않습니다. 대신 단어 책 한 권 마스터에 집중하도록 돕습니다. 단어 책 한 권 외우기가 마무리되면 그때부터 다른 내용을 가르쳐 주기 시작합니다.

김 수병은 확고한 태도로 말했지만, 받아들이기는 힘들었습니다. 토익 점수를 올리고 싶으면 단어 공부부터 하라는 지침은 마치 교과서만 열심히 보면 수능 만점을 받을 수 있다는 말처럼 들리니까요. 누구나 할 수 있는 뻔한 이야기라고 생각했습니다.

그러나 김 수병도 주장을 굽히지 않았습니다. 만약 토익 단어 책 한 권을 완벽하게 다 외운다면 다른 어떤 공부를 하지 않아도 토익 800점은 맞을 수 있다고까지 했습니다. 자신을 한번 믿어 보라고 하면서요. 당시 제가 목표로 잡았던 토익 점수가 800점인데, 김 수병은 너무나 쉽게 800점을 약속했습니다.

도저히 믿기지 않아 다시 따졌습니다. 고작 단어 책 한 권만 외워도 토익 800점이 나오는데, 비싼 학원 다니고 인터넷 강의 들으며 열심히 공부하는 사람들이 왜 좋은 성적을 못 받는지 물었습니다.

김 수병은 주저하지 않고 토익 단어 공부를 제대로 하지 않았기 때문이라고 대답했습니다. 기초 공사를 하지 않았으니 아무리 벽돌을 쌓아 올려도 사상누각일 뿐이라고요. 단어를 공부하지 않고 토익 공부를 해 봐야 절대 좋은 성적을 얻을 수 없다는 결론이었습니다.

김 수병의 조언을 머리로는 이해했지만, 마음으로는 쉽게 받아들이지 못했습니다. 사람은 누구나 자신이 믿는 바를 듣고 싶어 한다고 합니다. 당시에는 김 수병의 조언이 귀에 잘 들어오지 않았습니다.

단어를 공부하고 싶지는 않았지만, 토익 공부를 독학으로 시작하려는 저에게 다른 대안이 없었습니다.

'그래 밑져야 본전인데, 그냥 단어부터 해 볼까? 군대에 있는 동안 단어라도 외우면 나중에 제법 도움이 되지 않을까?' 뾰족한 방법이 없었던 저는 단어 책 한 권을 외워 보기로 했습니다.

여기서 중요한 사항이 하나 더 있습니다. 무조건 '토익' 단어 책으로 공부해야 합니다. 다른 책은 안 됩니다. 오직 토익 수험용 단어 책이어야 합니다. 토익이 기존에 공부해 왔던 수능과 가장 크게 다른 점은 바로 단어입니다. 따라서 단어를 공부할 때는 철저히 토익 시험에 대비하기 위한 책을 선택해야 합니다.

며칠 뒤 휴가를 나와 서점에서 토익 단어 책 한 권을 샀습니다. 부대로 복귀한 뒤부터는 매일 단어 책을 외웠습니다. 막상 공부를 시작해 보니 군대라는 곳에서 독하게 공부하기란 결코 쉬운 일이 아니었습니다. 가장 큰 어려움은 공부를 할 수 있는 시간이 많지 않다는 점입니다. 일과 후에는 분명히 남는 시간이 있었지만, 두세 시간씩 자리에 앉아 공부할 수 있는 여건은 아니었습니다.

시간이 부족한 상황을 극복하기 위해 자투리 시간을 활용했습니다. 일과 중 남는 시간을 이용해 저만의 공부법을 만들었습니다. 이는 뒤에서 다시 자세히 말씀드리겠습니다. 한 달 동안 꾸준히 공부를 계속하여 단어 책 한 권을 두 번 반복할 수 있었습니다. 다른 내용은 공부할 시간도 없었지만, 김 수병의 조언대로 일단 단어 공부에만 집중했습니다.

한 달 뒤 단어 책 한 권 공부를 마친 후 기존에 사 두었던 토익 교재를 한번 풀어 봤습니다. 그때 깜짝 놀랐습니다. 제 수준이 과거와는 차원이 다르게 향상된 느낌을 받았기 때문입니다. 이전까지는 거의 한 문제도 제대로 풀지 못했는데, 이제는 대부분 문제가 술술 읽히는 것입니다. 여전히 이해가 안 되는 문제도 가끔 있었지만, 자신감이 생겼습니다. 정말 이대로 공부한다면 '토익 800점'이 그리 먼 목표는 아니라는 생각이 들었습니다.

그 후부터는 단어 공부시간을 줄이고 시험을 치기 전까지 매일 실전 모의고사를 1개씩 풀었습니다. 군대라는 특수 상황에서 모의고사를 풀기 위해 1~2시간씩 앉아 있기란 불가능했습니다. 잠깐 몇 분이라도 문제를 풀고 시간이 모자라면 근무 시작하기 전에 한 문제 풀고, 점심 식사 전에 한 문제 풀고 하는 식으로 나눠서 풀었습니다. 모의고사를 다 풀기 위해 평상시보다 늦게 취침한 날도 많았습니다. 돌아보니 하루에 하나의 모의고사를 푼다는 목표는 거의 매일 달성했던 것 같습니다.

제 딴에는 열심히 준비했지만, 마음 한구석에는 걱정이 자리하고 있었습니다. 군대에서 토익 공부를 시작해서 다음 달에 토익을 치는데, 목표 점수가 800점이라고 얘기하면 다들 말 같지도 않은 소리를 한다고 했습니다. 거의 모든 주변 사람들이 비슷한 반응을 보였습니다.

그들은 하나같이 제가 뭘 몰라서 하는 소리라며, 첫 토익 점수는 자신의 발 사이즈 정도만 나와도 잘 나온 점수라고 했습니다. 학원이나 인터넷 강의의 도움 없이 혼자서 공부한 제가 과연 좋은 결과를 얻을 수 있을까 하는 걱정이 떠나지 않았습니다. 가장 큰 걱정은 두 달 동안의 공부가 버리는 시간이 될 수도 있다는 점이었습니다. 학원에서 제대로 배우며 준비하면 될 것을 혼자서 엉뚱하게 보내고 있지 않나 하는 의문이 마음을 불편하게 했습니다. 가 보지 않은 길은 늘 두려운 법이니까요.

문득문득 의심이 들었지만, 스스로를 다독이며 시험 준비에 매진했습니다. 매일 모의고사 한 회를 푼 후 모르는 단어는 외웠고, 오답 노트를 정리했습니다. 불안한 마음이 들 때면 훈련소에서 가졌던 초심을 떠올렸습니다.

'어떠한 시간도 충실히 보낸다면 버려지는 시간은 없다.' 제가 할 수 있는 최선을 다하자는 생각이었습니다.

2018년 6월 30일 마산 경남대학교에서 첫 토익을 쳤습니다. 4월 17일 군항제에서 김 수병을 만난 후 3개월이 채 지나지 않은 시점이었습니다.

첫 시험에서
895점을 받다

요즘 군대에는 '시험 외출'이라는 제도가 있습니다. 병사가 사전에 신청하면 주말에 외부로 나가 시험을 칠 수 있게 해 주는 규정입니다. 이처럼 최근 부대는 군인들에게 공부할 수 있도록 기회를 주고 있습니다.

저는 미리 시험 외출을 신청하고, 부대에서 가장 가까운 곳인 경남대학교에 가서 시험을 쳤습니다. 그날 시험은 오후 3시 10분부터 시작이었습니다. 응시생은 3시 전까지 반드시 입실해야 하는데, 대부분은 2시 30분 전후부터 시험장에서 대기합니다. 저 역시 2시 30분쯤 토익 시험장으로 들어갔습니다.

처음 그곳에 들어섰을 때 깜짝 놀랐습니다. 이미 시험이 시작된 줄 알았기 때문입니다. 모든 사람이 책상만 바라보고 있기에 분위기는 실제 시험과 같았습니다. 응시생 전부 열심히 공부하고 있었습니다.

다들 공부에 열중해 있는 모습을 보니 갑자기 자신감이 없어졌습니다. 저는 군대에서 바로 시험장으로 와 공부할 책도 챙기지 못했습니다. 자리에 앉아 주변을 둘러보니 이 시험이 어떤 의미인지 새삼 느낄 수 있었습니다.

많은 분에게 토익 시험은 취업과 직결된 아주 중요한 시험이고, 이를 위해 얼마나 많은 준비를 해 왔는지 깨달을 수 있었습니다. 그동안 토익을 너무 쉽게 생각하고 준비했다는 반성이 들었습니다.

'남들은 다 학원 다니며 열심히 배우고 공부했을 텐데, 군대에서 혼자 공부해 점수가 나올까?' '모르는 내용은 물어볼 데도 없어 혼자 준비했는데 시험 성적이 제대로 나올까?' 시험장 분위기에 기가 꺾였습니다. 순간 시험을 치지 말고 그냥 나갈까 하는 생각도 잠시 했습니다. 어차피 시험을 쳐 봤자 성적도 안 나올 테니 괜히 자신감만 잃지 않을까 하는 걱정이 들었기 때문입니다.

하지만 이미 낸 시험 비용도 아깝고, 어차피 나중에 다시 토익을 준비할 테니 성적이 안 나오더라도 시험을 쳐 보자고 마음을 다독였습니다. 시험을 한 번 친 경험은 어떤 식으로든 다음 시험에 플러스 영향을 줄 테니까요.

시험장 분위기 탓에 우울한 마음으로 시험지를 받았습니다. 시험이 시작하니 주변 사람 모두 몰입하는 분위기가 새삼 느껴졌습니다. 그에 반해 저는 마음 편하게 시험을 보자는 생각으로 문제를 읽기 시작했습니다.

막상 시험이 시작하고 나니 깜짝 놀랄 만한 상황이 발생했습니다. 예상보다 문제가 너무 쉬웠습니다. 초반 몇 문제를 풀고 나자 침울했던 기분은 이내 사라졌습니다. 대신 밝은 마음이 되었습니다. 경쾌한 마음으로 문제를 읽어 가니 문제 푸는 속도도 빨라졌습니다. 시험장에 갈 때 시계를 챙기지 못했는데 별로 개의치 않았습니다. 편안한 마음으로 시험에 집중하면 시간이 부족하지는 않을 것 같았습니다.

모든 문제를 다 푼 후에 주변을 둘러보니 저 말고는 전부 고개를 숙이고 있었습니다. 시험장 안의 모든 수험생이 문제 풀이에 여전히 열을 올리고 있었죠. 그때 감독관이 입을 열었습니다. "이제 30분 남았습니다."

또 한 번 반전이었습니다. 시간이 30분이나 남았다는 안내에 다시 놀랐습니다. 먼저 시험을 경험해 본 사람들이 '시간 배분'을 가장 강조했기 때문입니다. 다들 첫 토익은 시간이 부족하니 주의하라고 경고했는데, 저는 첫 토익에서 30분이나 남기고 시험을 마쳤습니다.

저는 무슨 공부를 하든지 항상 어려운 문제집을 푸는 편입니다. 그래야 본 시험에서 긴장해도 편하게 칠 수 있다고 생각하기 때문입니다. 토익 시험도 마찬가지였습니다. 평소 공부할 때 수준이 높은 토익 문제지를 풀었습니다. 그러다 보니 실제 토익 시험은 기존에 풀던 문제들과 비교해 평범한 수준이라 쉽게 풀 수 있었습니다. 물론 문법 문제같이 모르는 문제들은 다 찍었습니다. 첫 시험이지만 시간이 남았던 또 하나의 이유입니다.

시험을 마치고 밖으로 나오니 기분이 좋았습니다. 시험을 나쁘지 않게 봤다는 마음이 들었기 때문입니다. 시험장에서 빠져나온 사람들이 지나가며 "이번 토익 완전히 망했다.", "듣기 파트 5개는 날려 먹은 것 같다." 등의 얘기를 했습니다. 상대적으로 저는 시험을 꽤 잘 친 기분이 들어 가벼운 마음으로 부대에 돌아왔습니다.

토익은 시험을 치고 약 2주 뒤에 결과가 발표됩니다. 2주 뒤 저는 아침 조별 과업을 마치자마자 사무실로 달려갔습니다. 오전 7시 5분, 시험 성적을 확인했습니다. 895점! 제 첫 토익 점수였습니다. 첫 시험에 900점에 가까운 점수를 받다니! 순간 이루 말할 수 없는 기쁨을 느꼈습니다. 대학교 합격 때보다 더 기분이 좋았습니다.

고득점을 받아서 기뻤다기보다는 '군대'라는 어려운 상황에서 독학으로 해냈다는 사실에 고무되었습니다. 혼자서 목표를 이뤘다는 생각에 가슴이 벅찼습니다. 900점에서 5점이 부족한 점수라 살짝 아쉬운 마음도 들었지만, 들뜬 마음을 가라앉게 하지는 못했습니다. 첫 토익 점수는 발 사이즈라고 얘기하던 친구들에게 우쭐거리고 싶었습니다. 첫 토익에서 제 발 사이즈 3배보다 더 높은 점수를 받았으니까요.

첫 토익 시험에서 받은 895점은 단순한 영어 점수가 아니었습니다. 제 인생 최초의 자발적 도전이었고, 그 싸움에서 멋지게 이겼던 것입니다. 제가 자랑스러웠습니다. 그리고 자신감이 생겼습니다.

그때까지 전 혼자 힘으로 무엇인가 이루어 낼 수 있을까 하는 의심을 품고 살아왔습니다. 집에서는 부모님이, 학교에서는 선생님이 의지가 되었으니까요. 군대라는 곳에서 전 혼자 우뚝 서게 된 것입니다. 이후 전 무엇이든 열심히 노력하면 도전할 만한 일이 많다는 생각을 하게 되었습니다. 당시의 심경을 솔직히 고백하자면, '불가능은 없다'라는 생각마저 들었습니다.

그 후 저는 새로운 목표를 세웠습니다. 토익 스피킹, 경제 공부, 토익 900점 넘기기부터 제대 후 혼자 유럽 여행 가기, 교환학생 나가기, 경제적으로 부모님에게서 독립하기 등등. 이전에는 전혀 시도할 수 없었던 새로운 목표가 다가왔습니다.

아마 이렇게 생각하는 분이 있을지도 모릅니다. '토익 895점, 그게 뭐 대수라고?' 맞습니다. 토익 895점이 뭐 그리 대단한 일일까요? 하지만 그 점수가 제 생각을, 인생을 바뀌게 했습니다. 도전하면 이룰 수 있다는 자신감을 가지게 했고, 전에는 생각하지 못한 일을 꿈꾸게 했으니까요. 우연한 기회에 시작한 토익 공부가 저를 변화시켰습니다. 다양한 도전이 저를 기다린다는 생각에 가슴이 뛰기 시작했습니다.

새로운 목표

첫 토익 시험에서 895점을 받은 후 자신감으로 충만해졌습니다. 남은 군 생활은 약 5개월, 좀 더 알차게 보내고 싶다는 생각이 들었습니다. 무엇을 공부하면 좋을까? 생각해 보니 언제부터인지 '경제'를 공부하고 싶었습니다. '그래, 경제 공부를 해 보자.'

공부를 시작했지만, 뚜렷한 목표가 없으니 진도가 잘 나가지 않았습니다. 필요성을 느껴서 시작했다 하더라도 구체적인 목표가 없으니 집중력이 생기지 않았습니다. 토익 시험처럼 명확한 목적이 있어야겠다고 생각하게 되었습니다. '경제'에 문외한인 저에게는 무모해 보였지만, '매경 TEST'를 준비하기로 마음을 먹었습니다.

예상보다 경제 공부는 쉽지 않았습니다. 저는 이과생이고 대학 학과도 통계학입니다. 경제·경영 관련 용어는 생소해 책 읽기도 버거울 때가 많았습니다. 하지만 토익 시험을 통해 얻은 자신감이 계속 공부하도록 만들었습니다. 한 달 반 정도 열심히 공부했고 시험에 응시할 계획까지 세웠습니다.

다만 아쉽게도 군대 '시험 외출' 제도에 관해 모르는 사실이 하나 있었습니다. 군대에서 시험 응시를 위한 외출은 이동 시간이 한 시간 이내인 지역만 허용된다는 점입니다. 매경 TEST 시험 장소로 가장 가까운 지역이 부산이었습니다. 한 시간 이내로 갈 수 있는 곳이 아닙니다. 제 딴에는 열심히 준비했지만, 시험에 응시하지는 못했습니다.

물론 공부한 내용이 전혀 쓸모가 없지는 않았습니다. 전역 후 대학에서 관련 과목을 수강했는데, 미리 공부해 둔 덕에 수업 내용을 잘 따라갈 수 있었습니다. 이과생 대부분은 '경영', '경제' 과목을 잘 이해하지 못하는데, 미리 공부했기 때문에 어렵지 않았습니다. 그때 다시 한번 느꼈습니다. 세상에 버려지는 시간은 없다는 진리를요. 어디에서 무엇을 하든 충실한 시간을 보낸다면 언젠가 빛을 발할 기회가 찾아옵니다.

군대에 있는 동안 시험을 칠 수는 없었기 때문에 경제 공부는 끝을 냈습니다. 대신 토익 시험을 다시 준비했습니다. 첫 번째 토익이 895점이었으니, 이번에는 900점을 넘겨보자고 생각했습니다. 그리고 토익 시험과는 별도로 '토익 스피킹'에도 관심이 생겼습니다. 토익 점수가 높은 만큼 영어 말하기도 잘될까 하는 궁금증 때문이었죠.

제대 후 바로 유럽 여행을 갈 계획을 세우고 있었는데, 혼자 가는 여행이라 모든 것을 스스로 해결해야 했습니다. 당연히 영어 대화 능력도 필수죠. 과연 외국인과 대화가 될까? 듣기보다 말하기가 걱정이었습니다. 그래서 '토익 스피킹' 시험을 한번 쳐 보기로 마음을 먹었습니다. 인생은 늘 도전의 연속입니다.

시험까지는 약 2주의 시간이 남아 있었습니다. 한 번도 공부해 보지 않은 분야를 어떻게 접근할까? 일단 큰 부담 없이 준비하기로 했습니다. 토익 시험처럼 고득점이 목표가 아니고, 제 영어 말하기 실력이 궁금했으니까요. 교재도 복무하던 해군사관학교 도서관에 있는 책을 활용했습니다. 다행히 도서관에 있던 '토익 스피킹' 책이 괜찮았습니다.

군대에서 토익 스피킹 시험을 준비하는 일은 토익보다 훨씬 어려웠습니다. 학습할 내용이 어렵지는 않으나 공부할 여건이 아니었습니다. 스피킹 시험이므로 영어 말하기를 연습할 공간이 있어야 하는데 마땅한 장소가 없었습니다. 말하기 시험이다 보니 발음과 호흡에 신경을 쓰면서 실제로 말하는 연습을 해야 했지만, 소리를 내기가 어려웠습니다. 고민 끝에 손으로 쓰기로 했습니다. 말하듯이 손으로 하나하나 적었습니다.

그렇게 2주간 나름 공부하고 토익 스피킹 시험을 치러 갔습니다. 막상 시험을 쳐 보니 한 번도 말을 해 보지 않은 학습법이 얼마나 무모했는지 알 수 있었습니다. 시험장에서 제가 너무 빠르게 말하는 것이었습니다. 시험 시간은 약 15분 정도로 순식간에 지나갑니다. 시험장에는 별도 방음 시설도 없어서 시끄러운 분위기로 시험을 칩니다. 제가 무슨 말을 하고 있는지 세심히 듣지도 못하며 말하기에 급급합니다. 시험이 끝나는 순간, 무슨 시험을 쳤는지조차 모를 지경이었습니다.

고사장을 빠져나올 때 기분은 우울했습니다. 토익 시험 때는 불안한 마음으로 시작해 기분 좋게 끝났는데, 이번에는 요샛말로 딱 '폭망'했다는 느낌이었습니다. 토익 시험 때는 개선장군처럼 당당히 부대 복귀를 했다면 스피킹 시험에서는 패잔병이 된 기분이었습니다.

그러나 결과는 의외였습니다. 성적이 나쁘지 않았습니다. 오히려 제 예상보다 높은 점수였습니다. 토익 스피킹 점수는 총 8급으로 이루어져 있습니다. 급이 높을수록 좋은 점수입니다. 저는 잘 나와야 4급 정도이지 않을까 예상했지만, 결과는 150점, 6급이었습니다. 160점부터 7급이니 조금만 더 공부하면 금세 점수를 올리겠다는 생각이 들었습니다.

남들 보기에 높은 점수는 아닐지도 모르지만, 제가 했던 공부가 헛되지 않았구나 하는 생각이 들었습니다. 군대에서 독학으로 공부해 왔기 때문에 제대로 하고 있는지 의심이 있었는데, 확신이 생겼습니다. 단순히 토익 성적만이 아니라 영어 실력까지 올라갔다는 자신감을 얻었습니다. 이제는 영어로 말하기도 어느 정도 되니 제대 후 떠날 유럽 여행이 더 기대되었습니다.

유럽 여행은 군대 가기 전 마음속으로만 꿈꾸던 일이었습니다. 하고는 싶지만, 감히 실행으로 옮길 자신이 없었다고 할까요. 돌아보면 저는 모험을 좋아하는 스타일이 아니었습니다. 확실한 것, 아는 것만을 하려고 했죠. 겁이 많았습니다. 그러나 군대에서 공부하며 자신감을 얻고는 구체적인 계획을 세우게 되었습니다. 주변 사람들은 혼자 가면 위험할 수 있으니 그냥 패키지여행으로 가라고 했습니다. 여행사를 통하면 안전하고 편안하게 다닐 수 있으니까요.

저는 혼자 여행을 가고 싶었습니다. 오롯이 자기만의 계획과 결정으로 만들어 가는 여행을요. 교통편, 숙박, 음식, 공연 예약 등 무엇 하나 남의 손을 빌리고 싶지 않았습니다. 성인이 된 이후 해외여행을 혼자만의 힘으로 해 보고 싶었습니다. 저에게는 그 자체로 대단한 도전이고 모험이니까요.

군 생활을 도서관에서 했다는 점은 큰 행운이었습니다. 도서관에는 여행 책자도 많았습니다. 틈틈이 여행 책을 보며 투어 계획을 하나씩 세워 나갔습니다. 예전의 저였다면 겁이 나고 두려워 여행을 떠나지 못했을 겁니다. 그러나 이제는 무엇이든 할 수 있다는 생각이 들었습니다.

첫 토익 점수가 나온 주에 '런던 IN & 바르셀로나 OUT' 비행기 표를 예매했습니다. 22박 23일의 여정입니다. 티켓까지 끊으니 제 속의 두려움이 다시 살짝 고개를 들었습니다. '정말 혼자 갈 수 있을까?' '낯선 이국 땅에서 잘 지낼 수 있을까?'

마음이 흔들릴 때면 인터넷을 통해 혼자 여행 다니는 사람들의 소식을 보며 위안을 얻었습니다. '그래, 저들도 하는데 내가 못 할 일이 뭐 있나?'

여행 출발일은 전역 후 3일 뒤였습니다. 1월에 제대하고 3월에 대학에 복학해야 하니 여행 일정이 빠듯했습니다. 제대 후에는 따로 여행 계획을 세울 시간이 없으니 모든 준비를 미리 해야 했습니다. 중간에 마음이 게을러져 알아보지 못하고 시간을 보내다 여행 2주 전부터 다시 집중해 계획을 짰습니다.

저에게 유럽 여행은 어떤 의미였을까요? 여행 자체의 의미도 분명 큽니다. 아름다운 곳을 보고 책에서 보던 역사 유물을 눈으로 확인하고, 낯선 환경에서 체험하는 감동은 신선한 경험입니다. 뭔가를 크게 느끼거나 배울 수도 있습니다. 하지만 저에게 유럽 여행은 그 이상의 가치가 있었습니다.

　과거의 저라면 절대로 하지 못했을 일을 했다는 겁니다. 저는 낯을 많이 가리는 편입니다. 식당에서 혼자 음식 주문하기도 힘들어하던 사람입니다. 그랬던 저를 군대가 변화시켰죠. 우연히 군대에서 목표를 세우고 하나씩 이루다 보니 많은 변화가 있었습니다. 혼자 떠나는 유럽 배낭여행은 저의 변화를 보여 주는 가장 큰 사건입니다.

　유럽 여행을 준비하며 덤으로 얻은 정보가 있습니다. 제가 다니는 대학교에서 보내 주는 교환학생 프로그램입니다. 해외 교환학생으로 가기 위해서는 토플 점수가 필요하다고 알고 있었는데, 일부 대학의 경우는 토익 점수로도 지원 가능합니다. 만약 군대에서 토익을 공부하지 않았다면 알 수가 없었던 정보입니다.

　해외 우수 대학의 교환학생! 새로운 목표가 다가왔습니다. 영어에 자신감이 생기니, 해외 대학에 다니고 싶은 욕망이 꿈틀거렸습니다. 예전에는 전혀 생각해 보지 못한 일입니다. 영어 하나가 이토록 많은 꿈을 꾸도록 만들었습니다. 소심했던 제가 혼자 해외여행을 다니고, 교환학생까지 도전하다니요. 6개월 동안 혼자 해외에 나가 공부한다면 제 인생은 또 한 번 많이 성장하리라는 기대감이 들었습니다.

　교환학생까지 목표를 세우니 토익 점수가 조금 부족해 보였습니다. 900점을 넘기면 더 유리할 텐데…. 다시 한번 목표를 향해 토익 공부를 시작했습니다. 900점을 넘기고 싶다는 마음이 큰 동기부여가 되었습니다.

6개월 전만 하더라도 토익 공부는 초보였는데, 이제 900점은 당연히 받을 수 있는 점수로 여겨졌습니다. 제가 세운 학습 전략으로 준비하면 충분히 가능하다는 자신감이 있었습니다.

우선 다음 토익 시험을 신청했습니다. 시험 시기는 2주 후였습니다. 조금 더 시간이 있으면 하는 아쉬움이 있었지만, 주어진 기간 동안 최선을 다하자는 생각이었습니다. 다시 레이스가 시작되었습니다. 매일 실전 모의고사를 하나 풀고 오답 노트 정리, 그리고 단어 공부! 2주 동안 미련 없이 준비했습니다. 그렇게 공부를 끝내고 다시 토익 시험을 치러 부대를 나섰습니다.

두 번째 토익
945점

　두 번째 토익도 첫 번째와 마찬가지로 경남대에서 시험을 쳤습니다. 공교롭게도 시험을 치는 강의실까지 같았습니다. 자리까지 똑같지는 않았지만, 시험 장소가 같으니 마음이 한결 편안했습니다. 시험장 분위기도 저번과 같았습니다. 모두가 막판까지 열심히 공부하며 시험 시간을 기다리고 있었습니다.

　제 기분은 저번과 달랐습니다. 다른 응시생이 마지막까지 열심히 공부한다고 해서 마음이 불안하지 않았습니다. 제 공부법이 틀리지 않았음을 지난 시험에서 확인했으니까요. 지금까지 한 공부가 헛되지 않다는 확신이 있었습니다. 주변을 신경 쓰지 않고 편안한 마음으로 시험 시간을 기다렸습니다.

이윽고 시험이 시작되었습니다. 첫 시험과는 비교할 수 없는 여유로운 마음이었습니다. 문제도 지난번과 비슷했습니다. 어렵지 않게 풀 수 있었습니다. 다만 예전보다 더 차분하게 접근했습니다. 첫 시험 때 빠뜨렸던 시계를 챙겨 갔기 때문입니다. 미리 시간 배분 계획을 세워 놓은 상태라 한 문제 한 문제에 집중했습니다. 급하지 않게 문제를 읽으니 함정 지문이 더 잘 보였고, 실수도 줄일 수 있었습니다.

시간 계획대로 문제를 다 풀고 나니 10분 정도의 시간이 남았습니다. 짧은 시간이었지만, 지나간 많은 추억이 떠올랐습니다. 시험 날짜는 2018년 12월 15일, 전역까지 한 달 남은 시점이었습니다.

처음 군대에 와서 적응하지 못해 괴로웠던 기간, 우연히 만난 친구와 서로 의지했던 순간, 훈련 기간 다이어트를 결심하고 20kg을 뺐던 일……. 무엇보다 진해 군항제 때 우연히 만난 김 수병을 통해 토익 공부를 시작한 일이 신기했습니다. 저는 운이 좋은 사람입니다. 그 많은 행운에 감사합니다.

입대 전까지 토익은 복학 후에 공부하는 것이라 생각하고 있었는데, 군대에서 짧은 기간 공부해 900점을 바라본다는 사실이 뿌듯하기만 했습니다. 누가 했는지 기억나지는 않지만, 이런 말이 떠오릅니다. "모든 사람에게 행운은 찾아오지만, 우연을 성공의 기회로 만드는 사람은 드물다."

엉뚱한 얘기로 들리겠지만, 저는 군대 예찬론자입니다. 군대가 인생에 도움이 된다고 생각합니다. 어떤 사람들은 군대 가지 않기 위해 별별 생각을 합니다. 이해하기 어려운 일입니다. 저는 군 생활을 하면서 정말 많은 것을 얻었고 배웠습니다.

주변 사람들이 입대 전과 전역 후의 제 모습을 비교하며 사람 되어 나왔다고 농담합니다. 무려 20kg을 감량했으니까요. 군대에서 토익 공부를 시작해 고득점을 받았다는 사실도 부러워합니다. 하지만 이는 사소한 변화만을 본 겁니다. 군 생활을 통한 진짜 변화는 제 마음입니다.

입대하기 전까지는 항상 걱정과 겁이 많았습니다. 모르는 일에 도전하기 싫어했고, 새로운 시도도 잘 하지 못했죠. 하지만 군대에서 다양한 사람들을 만나고 새로운 경험을 통해 성격이 바뀌었습니다. 무엇이든 노력하고 준비하면 이룰 수 있다는 자신감이 생겼습니다. 인생을 살아가는 데 이보다 더 중요한 마음가짐이 또 뭐가 있을까요?

전 이제 두렵지 않습니다. 새로운 도전을 즐길 준비가 되었습니다. 만약 어떤 일이 실패한다고 하더라도 괜찮습니다. 그 노력은 헛된 시간이 아니니까요. 무엇이든 버려지는 시간은 없습니다. 성공하든 실패하든 모든 경험은 자산으로 남습니다. 이런 믿음이 군대에서 얻은 가장 소중한 보석입니다.

토익 시험을 치고 남은 10분 동안 지난 2년간의 군 생활이 주마등처럼 스쳐 갔습니다. 돌아보니 군대는 제 인생의 '터닝 포인트'입니다. 많은 분이 '입대'에 두려움이 있습니다. 저 역시 마찬가지였고요. 하지만 크게 걱정하지 않았으면 합니다. 군대라는 쉽지 않은 환경도 조금만 다른 관점으로 바라보려고 노력한다면 인생의 새로운 전환점이 될 수 있으니까요. '20kg 다이어트와 토익 고득점!' 군대가 아니었다면 단기간에 도달할 수 없는 성과라고 생각합니다.

토익 시험을 무난하게 마치고 부대로 돌아왔습니다. 그동안 공부에 에너지를 많이 쏟았으니 남은 한 달은 편안하게 쉬어야겠다고 생각했습니다. 공부하지 않고 쉬기로 마음을 먹고 나니 시간이 느리게 갔습니다. 4월에 토익 공부를 시작해 12월까지 참 열심히 살아왔습니다. 바쁘게 살다 보니 8개월이 눈 깜짝할 사이에 지나갔습니다.

이제는 상황이 달라졌습니다. 계획했던 공부를 끝내고 나니 한 달은 너무나 긴 시간이었습니다. 읽고 싶었던 책을 보고 영화도 보면서 토익 준비할 때 못 했던 많은 문화 콘텐츠를 즐겼습니다. 그래도 시간은 정말 흘러가지 않았습니다. 제대를 앞둔 한 달여의 시간이 지난 22개월 군 생활보다 긴 세월로 느껴졌습니다.

제대를 한 달 정도 남겼을 때부터는 많은 후임이 어떻게 하면 군에서의 시간이 빨리 가냐고 물어 왔습니다. 그때마다 저는 무엇이든 목표를 정하라고 강조했습니다. 꼭 공부가 아니어도 됩니다. 운동이 될 수도 있고 독서가 될 수도 있습니다. 그러나 그것이 무엇이든 목표는 구체적이어야 합니다. 군대에 있는 동안 '책 많이 읽기', '운동 열심히 하기' 같은 막연한 계획은 곤란합니다. 상세한 목표 설정이 중요합니다. '경제·경영 도서 100권 읽기', '체중 10kg 감량' 같은 구체적인 목표가 있어야 합니다.

많은 자기계발서에서 꿈을 상세하게 표현할수록 성공확률이 높아진다고 합니다. 그때는 그저 듣기 좋은 이야기라고 생각했는데, 지금은 받아들입니다. 군 생활에서 경험을 통해 몸소 체험했기 때문입니다.

  지금 이 글을 읽고 있는 여러분도 꿈이 있다면 구체적으로 표현해 보세요. 세세하게 묘사할수록 위력은 커진다고 합니다. 다소 허황된 꿈이면 어떻습니까? 불가능해 보이면 또 어떻습니까? 남들의 시선에 위축되지 마세요. 내 꿈은 나의 것이니까요.

전역,
그리고 그 후

전역 날, 너무나 기다리고 기다리던 그날이 왔습니다. 글을 쓰고 있는 지금은 전역한 지 약 두 달이 지난 시점입니다. 그날의 기억을 떠올리려고 하는데, 기억이 잘 나지 않습니다. 2년도 더 지난 입대 날은 아직도 생생히 떠오르는데…. 사람은 좋은 일보다는 나쁜 일을 더 오래 기억하나 봅니다. 게다가 제 경우엔 전역의 기쁨보다는 3일 후 떠나는 유럽 여행 준비에 마음이 바빴습니다.

글을 쓰면서도 아직 전역이 실감 나지 않습니다. 이제 곧 대학에 복학해야 하는데, 대학이 아닌 군대에 복귀하는 상상을 하기도 합니다. 지난

2년 동안 군 생활에 참 많이 익숙해졌나 봅니다. 저에게는 군 생활이 나쁘지 않고 유익한 시간이었기에 더욱 그런 생각이 드는 것 같습니다.

전역 날의 경험을 잠깐 말씀드리고자 합니다. 전역하기 전에는 3일간 전역자 교육을 받습니다. 22개월을 기다린 전역에 비하면 3일은 대수로운 기간이 아니지만, 그렇게 길게 느껴질 수가 없었습니다. 전역하기 하루 전, 지금까지 일했던 장소에 찾아가 간부님들께 인사를 드리고 저녁 점호 이후에는 후임들과 시간을 보냈습니다.

후임들에게 피할 수 없는 군 생활을 알차고 계획적으로 보내면 남은 인생이 달라질 수 있다고 강조했습니다. 저는 처음 입대할 당시 불만이 가득했던 청년입니다. 우리나라는 왜 징병제여서 군대를 가야만 할까? 군대에서 보내는 2년은 너무나 아까운 시간이 아닐까? 군 생활을 하고 나면 얻는 것이 있을까?

불평불만에 가득 차 군대에 들어가던 과거의 제가 떠오릅니다. 제 또래들은 아마 다 비슷한 생각일 겁니다. 그러나 제 군 생활은 남들과 조금 달랐다고 생각합니다. 저는 지금까지 인생을 살아오면서 새로운 일에 도전하지 못했습니다. 겁이 많은 성격에 부딪치기보다 피하는 삶을 선택했었죠.

군대에 들어와 좋은 사람들을 만나 여러 일을 겪으며 저는 너무나 달라졌습니다. 이처럼 군대는 인생의 전환점이었습니다. 마지막 날, 한 후임이 이렇게 물었습니다.

"수병님은 과거로 돌아가 다시 군대에 가야 한다면, 어떻게 하시겠습니까? 입대를 선택할 수 있는 상황이라면 굳이 가시겠습니까?"

"나는 무조건 군대에 갈 거다. 군대를 통해서 잃는 것보다 더 많은 것을 얻을 수 있기 때문이다."

어떤 분들은 제 군 생활이 편한 곳이었기 때문이라고 말하기도 합니다. 어느 정도 수긍합니다. 제가 근무했던 곳은 해군사관학교 도서관이었으니까요. 근무 조건이 일반 수병보다 편안했다는 점은 인정합니다. 하지만 사람은 적응의 동물입니다. 어느 곳이든 시간이 지나면 환경에 익숙해져 모든 상황을 당연하게 여깁니다. 편한 곳이든 힘든 곳이든 일정 시간이 지나면 큰 차이가 없다는 말입니다.

근무 여건이 자기계발에 미치는 영향은 그리 크지 않습니다. 주변을 둘러보세요. 편안한 근무 조건에 있는 사람이라고 모두 자기계발에 성공합니까? 아닐 겁니다. 몸의 문제라기보다는 마음의 문제, 환경의 결과라기보다는 의지의 결과라고 생각합니다.

어떤 현실에서도 목표를 가졌으면 합니다. 남들의 시선으로 현실을 마주하지 마세요. 다른 관점으로 보면 또 다른 세상이 보입니다. 똑같은 환경에 살아도 전혀 다른 결과를 만들 수 있습니다. 설령 지금의 여건이 마음에 들지 않더라도 그 안에서 가치 있는 일을 발견하세요. 그리고 도전하세요.

저는 지금 제 인생의 첫 번째 책을 쓰고 있습니다. 군대에서의 경험과 단기간 토익 학습법을 글로 남기고 싶었습니다. 저 같은 이과생에게 글쓰기는 여간 힘든 작업이 아닙니다. 하지만 새로운 도전을 즐기고 있습니다. 과거의 저라면 상상하지 못했을 일입니다. 그런데 여러분, 한번 생각해 보세요. 평범한 대학생인 제가 어떻게 책을 쓸 수 있겠습니까? 그건 군대라는 특수한 환경에서 목표를 가졌기 때문입니다.

지금, 여러분의 목표는 무엇입니까?

MEMO

4

3개월 만에
토익 정복하기

영어 공부를 왜 할까?

영어 공부를 왜 할까요?

한글이라는 고유 언어를 가진 국가에 사는 우리는 실생활에서 영어를 쓸 일이 거의 없습니다. 이런 현실에도 불구하고, 우리는 아주 어릴 적부터 많은 양의 영어 공부를 합니다. 영어 유치원, 영어 캠프 등 조기 교육을 강조하는 풍토까지 있고요. 그러다 고등학교부터는 가장 중요한 3과목 중 하나가 됩니다. 게다가 국·수·영이 아닌 국·영·수의 순서입니다. 줄임말에서 알 수 있듯 수학보다 영어가 먼저입니다. 이처럼 대학에 입학하기까지 정말 엄청난 양의 영어 공부를 하게 됩니다.

아이러니한 현실은 영어를 학습한 시간에 비해 영어 대화 능력은 떨어진다는 점입니다. 그렇게 오랫동안 공부했음에도 불구하고 영어로 말하고 듣기가 편하게 되는 사람은 흔하지 않습니다. 그동안 우리가 공부해 온 수능 영어의 수준이 쉬운 편이 아닌데도 말입니다.

한국의 수능 영어는 수준이 꽤 높습니다. 굉장히 어려운 단어와 까다로운 문법까지 다루죠. 이렇게까지 학습해야 하나 의문이 들 정도입니다. 물론, 이유는 있습니다. 시험 점수를 바탕으로 대학을 지원해야 하니 수능 영어는 '변별력'이 초점입니다. 점수로 구분하기 위해서는 어려워질 수밖에 없습니다. 반면에 수능 영어를 열심히 공부한다고 해서 대화 능력이 꼭 향상되지는 않습니다. 이처럼 우리는 오로지 시험을 치기 위해 영어를 공부합니다.

물론 이런 방식의 영어 공부가 현실에서 크게 문제 되지는 않습니다. 우리나라에서 영어를 실제로 쓸 일이 별로 없기 때문입니다. 충격적인 일은 다른 데 있습니다. 대학교 입학을 위해 그렇게 공부를 많이 했지만, 취업하기 위해서 또다시 영어 공부를 해야 합니다.

대한민국에서 취업하기 위해서는 토익 성적이 거의 필수입니다. 실제 회사 업무를 위해 영어를 사용할 일이 없음에도 불구하고 토익 성적을 요구합니다. 수능 영어를 스무 살까지 공부했는데 다시 토익을 공부해야 합니다. 학교에서는 영어 원서 읽기 등 학업을 위해 필요하다고 하더라도, 회사는 도대체 왜 이렇게 영어 점수를 원할까요?

'객관적인 평가'라고 생각합니다. 시험은 누가 더 좋은 인재인지를 판단하기 위한 한 가지 수단입니다. 직원을 채용하기 위해서는 평가 기준이 있어야 하는데, '점수'라는 수치만큼 객관적인 잣대는 없으니까요. 한국에서 영어 공부를 해서 이 정도 점수를 받는 사람이라면 다른 일도 잘하리라는 기대감이 있을 겁니다. 즉, 토익 성적 요구는 영어 능력평가 목적도 있겠지만, 일정 수준 이상의 사람을 고용하기 위한 하나의 '허들'인 셈입니다.

상황이 이렇다 보니 토익 성적은 높지만, 영어로 원활히 대화가 안되는 사람도 있습니다. 물론 대부분 회사에서는 크게 문제가 되지 않을 겁니다. 만약 회사에서 영어를 사용한다고 하더라도 특정 분야에만 제한되므로 조금만 연습하고 반복한다면 익숙해지기 때문입니다. 대다수 업종에서는 영어가 전혀 쓰이지도 않고요.

인생을 살아가면서 영어가 그리 중요할까요? 대부분 업무 환경에서는 크게 필요하지도 않습니다. 회사도 영어 능력을 기준으로 채용하지는 않습니다. 심지어 해외여행을 가더라도 영어가 출중할 필요는 없습니다. 스마트폰을 사용하면 얼마든지 소통할 수 있으니까요.

결론적으로 제가 드리고 싶은 말씀은 이것입니다. 토익은 토익답게 공부하세요. 이 책은 어떻게 하면 영어를 잘할 수 있는지에 관한 내용이 아닙니다. 제가 말씀드릴 수준도 아니고요. 하지만 한 가지는 알려 드릴 수 있습니다.

단기간 토익 고득점 비법은 분명히 있습니다. 이 책의 내용처럼 공부한다고 해서 외국인과 자유롭게 대화하거나 영어 영화가 자막 없이 들리지는 않습니다. 그러나 이 책대로 공부한다면 여러분이 원하는 회사에 들어가는 데 영어가 문제 되지는 않을 겁니다. 제가 제시하는 방법을 충실히 실행한다면 토익 900점 이상은 가능하니까요. 가장 빠르고 효율적인 방법이라고 장담합니다. 여러분 또한 이 책을 통해 얻고자 하는 바를 명확히 해야 합니다.

실제 얼마나 영어를 잘하느냐가 아니라 토익 성적이 얼마나 높은지가 중요한 사회입니다. 안타깝지만 현실입니다. 이런 상황이 올바르냐 아니냐 하는 논의는 여기서 다룰 이야기는 아닐 겁니다. 다만 현재 마주한 상황을 냉정하게 직시하고 그에 맞춰 행동하는 것은 개인이 선택할 수 있는 삶의 방식이라고 생각합니다. 토익 공부의 필요성과 효율적 공부법의 중요성에 관해 서론이 길었는데요. 이제부터 어떻게 하면 단기간에 토익 성적을 올릴 수 있는지 하나씩 말씀드리겠습니다.

토익 시험 이해하기

실제 토익 공부법에 들어가기에 앞서 과연 토익이란 시험이 무엇인가를 먼저 알아보고자 합니다. 지피지기면 백전불패라는 말이 있습니다. 토익 시험이 뭔지 자세히 파악하면 알맞은 공부 계획을 세울 수 있습니다.

토익을 공부하려는 사람들 대부분은 학원이나 인터넷 강의로 시작합니다. 수업을 듣는 방법이 나쁘지는 않습니다. 어떤 과목이든 도움을 받으면 시행착오를 줄일 수 있고, 핵심을 파악하는 데 유리하니까요. 그러나 문제는 대부분 수업 내용이 '문법'에 치우친다는 점입니다.

토익 시험에서 문법 비중이 얼마나 될까요? 많은 시간을 들여 자세히 공부할 가치가 있을까요? 단언컨대 문법 공부는 토익 성적 향상에 큰 도움이 되지 않습니다. 토익에서 중요한 점은 진짜 '영어 실력'보다 '문제 풀이 기술'이기 때문입니다. 기억하시기 바랍니다. 우리가 원하는 것은 영어 실력이 아니라 토익 성적입니다. 따라서 토익 시험이 무엇인지 정확히 이해하고 시작해야 합니다. 적절하고 효율적으로 공부해야 빠르게 원하는 성적에 도달할 수 있으니까요.

토익이 어떤 시험이기에 많은 회사에서 '토익 점수'를 요구할까요? 우리가 알고 있는 대표적인 영어 시험은 크게 3가지입니다. 텝스, 토플, 그리고 토익입니다. 시험이란 응시자가 가지고 있는 능력이 어느 정도인지를 확인하기 위한 제도입니다. 그렇다면 이 세 가지 시험은 무엇을 측정하고자 할까요?

텝스, 토플, 토익이란?

먼저 텝스(TEPS)를 알아보겠습니다. 텝스는 위 3개 시험 중 유일하게 한국에서 출제되는 시험입니다. 다른 시험과 달리 텝스는 서울대에서 한국인이 문제를 만들어 내고 있습니다. 텝스는 응시자의 영어 독해 능력과 듣기 능력을 측정하는 시험입니다. 텝스를 공부해 보신 분은 알겠지만, 한국에서 시험을 주관하다 보니 수능 영어 시험과 유사합니다. 그래서 수준이 꽤 높은 편입니다. 참고로 대부분 회사에서 텝스 성적을 요구하지 않습니다.

두 번째로는 토플(TOEFL)입니다. 토플은 수험생이 영어권 국가의 대학에서 공부할 수 있는가를 측정하는 시험입니다. 토플은 실제 영어 실력과 연관된 시험입니다. 에세이 쓰기, 영어로 말하기 등 수험생이 정말로 영어 사용에 익숙한지를 판단하는 시험입니다. 우리가 오랫동안 공부한 수능과 가장 다른 유형의 시험입니다. 토플도 현재 한국에 있는 회사 대부분이 점수를 요구하지 않습니다.

마지막으로 우리에게 가장 중요한 토익(TOEIC)입니다. 현재 거의 모든 회사에서 요구하는 영어 성적입니다. 토플은 영어로 학문적인 공부를 할 수 있는지를 검증하고자 한다면 토익은 영어권 국가에서 일할 수 있는지를 측정하는 시험입니다.

이러한 이유로 토익에 나오는 지문 대부분은 실제 회사 업무와 관련된 내용입니다. 그래서 영어 문법과 독해 실력 등에 초점이 맞춰진 수능과는 큰 차이가 있습니다. 수능 고득점자도 토익 공부에 어려움을 느끼는 이유입니다.

이러한 차이를 알고 조금만 익숙해지면 수능보다 훨씬 편하게 공부할 수 있습니다. 시험 출제 의도를 알았으니 그에 맞춰 공부하면 됩니다. 게다가 수능과 토익의 문제 수준을 보면 비교가 되지 않을 정도로 토익 지문 내용이 쉽습니다. 조금만 공부해도 점수를 올리기 쉬운 이유입니다. 수능 성적이 좋지 않았다 하더라도 토익은 쉽게 고득점을 얻을 수 있습니다.

중요한 사실이 하나 더 있습니다. 토익은 수능보다 공부하기도 쉽습니다. 다만 안타깝게도 효율적으로 공부하는 사람이 많지 않아 보입니다. 학습 방향을 제대로 설정하지 않고 무작정 공부한다면 성공할 수 없습니다.

하지만 여러분은 걱정할 필요가 없습니다. 지금 읽고 있는 이 책에서 공부하기 가장 쉽고 효율적인 길을 말씀드릴 테니 한 번만 읽어 보면 최선의 학습법을 아실 수 있을 것입니다.

토익의 문제 구성

지금까지 토익의 취지와 목적을 말씀드렸습니다. 이제부터는 조금 더 구체적으로 알아보고자 합니다.

토익은 크게 2가지로 나눌 수 있습니다. LC와 RC입니다. LC는 영어 듣기, RC는 영어 읽기입니다. 문제의 수는 총 200문제로 LC와 RC가 똑같이 100문제입니다. 영역은 총 7개로 나누어져 있습니다. LC에 4가지 파트, RC에 3가지 파트가 있습니다. 파트별 문제 유형과 풀이법 등은 5장과 6장에서 하나하나 설명해 드리겠습니다.

토익 시험 시간은 약 2시간입니다. 먼저 LC를 주어진 시간 동안 푼 후 정확히 75분 동안 RC를 풀면 됩니다. 실제 시험을 치기 위해 소비되는 시간은 1시간 더 긴 3시간 정도입니다. 시험을 치기 전 오리엔테이션, 핸드폰 수거 등 준비 시간이 소요되기 때문입니다. 토익 시험장에는 대부분 1시간 전부터 입실해 있습니다. 꼭 1시간 전에 가야 할 필요는 없지만, 일찍 도착하는 것을 추천합니다. 1시간 정도 자리에 앉아 시험장 분위기에 익숙해지면 차분한 마음으로 시험을 칠 수 있기 때문입니다.

시험은 문제 순서대로 LC 파트를 풀고 그다음 RC 파트를 풀면 됩니다. LC에는 각 파트별 문제 설명을 해 주는 Direction이 있습니다. 시간을 모두 합하면 약 5분 정도입니다. Direction은 굳이 듣지 않아도 되니 많은 응시생이 이때 'Part 5'의 문제를 풉니다.

이처럼 자투리 시간을 활용하면 시간 분배에 큰 도움이 될 수 있습니다. 그러나 이는 토익 시험에 숙련된 분들에게만 추천하고 싶은 방식입니다. 시험에 아직 익숙하지 않거나 연습이 부족하다면 LC에만 집중해 문제 풀이에 공을 들여야 합니다. RC 문제를 미리 풀려다 LC 문제 듣기를 놓치면 사전 풀이가 아무 의미 없으니까요.

많은 분이 궁금해하는 내용 중 하나는 시험지에 메모가 가능한가입니다. 저 또한 시험을 치기 전까지 가장 궁금했던 사항입니다. 시험지에 메모하며 문제를 풀어도 괜찮을까요? 토익 시험지 필기는 아무 문제가 없습니다. 평소 모의고사에서 연습하던 대로 시험지에 적어 가며 문제를 풀면 됩니다.

주의해야 할 토익 시험 준비물

토익 시험을 치기 위한 준비물을 말씀드리겠습니다. 토익은 다른 시험과 다르게 답안지 표시를 연필이나 샤프로 합니다. 지금까지 우리는 컴퓨터용 사인펜으로 각종 시험을 쳐 왔습니다. 하지만 토익 시험은 반드시 연필로 답을 체크해야 합니다.

이 사실을 잊고 연필을 가져오지 않아 당황해하는 분을 봤습니다. 시험장에 갈 때는 연필을 꼭 챙겨 가기 바랍니다. 또한 연필로 답을 표기하기 때문에 지우개로 쉽게 지우고 정정할 수 있습니다. 그러니 지우개 역시 반드시 가져가야 합니다. 사소해 보이는 필기구지만, 꼭 챙겨야 시험장에서 낭패를 피할 수 있습니다.

또 하나, 필수 준비물은 바로 '신분증'입니다. 연필은 챙기지 못했을 경우 주변에서 빌릴 수도 있지만, 신분증은 전혀 다른 문제입니다. 당연한 얘기지만, 신분증이 없으면 시험에 응시할 수 없습니다. 여러분은 '설마 내가 신분증을 안 가지고 가겠어?'라고 생각하시겠지만, 저는 토익 시험을 치면서 매번 한 분 이상이 응시하지 못하고 돌아가는 모습을 봤습니다. 방심해서는 곤란합니다. 토익 응시료는 5만 원에 가깝습니다. 적지 않은 비용, 공부한 시간, 시험 당일 이동하는 수고 등을 생각하면 너무 어이없는 일입니다. 여러분은 신분증을 꼭 챙겨 가시기 바랍니다.

신분증과 관련해 추가로 말씀드릴 내용이 있습니다. 토익 시험은 요구하는 신분증이 딱 정해져 있습니다. 요즘은 군인도 시험을 치는 경우가 많은데, 토익이 요구하는 '신분 확인서'를 꼭 챙겨 가야 합니다. '휴가증'이나 '군 복무 확인서' 등으로 대체할 수 없습니다. 토익에서 요구하는 증명서는 군인 신분으로 시험을 신청할 때 받을 수 있습니다. 화면으로 확인한 후 반드시 프린트해서 시험 당일 가지고 가야 합니다.

지금까지 토익 시험의 목적부터 준비물까지 알아보았습니다. 이제부터는 어떻게 하면 토익 시험을 잘 치고 원하는 성적을 받을 수 있는지를 말씀드리겠습니다.

그 전에 한 가지 강조하고 싶은 내용이 있습니다. 오늘날 많은 사람이 토익 공부를 합니다. 주변 친구들을 봐도 해가 바뀌거나 방학이 시작할 때마다 세우는 목표에 '토익 공부'가 빠지지 않습니다. 하지만 시작하고 며칠이 지나기 전에 포기하는 경우가 많습니다.

이번에는 꼭 성공하세요. 토익 시험을 준비하는 분이라면 지금 기회를 잡으세요. 언젠가 해야 할 공부라면 지금부터 딱 3개월만 투자하세요. 더 이상 미루지 마세요. 토익은 절대 어려운 시험이 아닙니다. 지금부터 진짜 토익 공부법을 말씀드리겠습니다.

★ 실전 TIP

★ 토익 학습서 추천(수준별)

1. 초보

1) 해커스 토익 실전 1000제-1
: 조금 어렵지만, 많이 틀리더라도 풀어 보는 것이 좋음. 실제 토익과 난이도 유사.
2) YBM 실전 토익 1000-1
: 실제 시험과 난이도 가장 유사.
3) YBM 토익 책들

2. 상급

1) 해커스 토익 실전 1000제-3
: 수준이 조금 높지만, 이 책으로 공부하면 실제 토익에서 아주 편하게 시험을 칠 수 있음.
2) YBM 실전 토익 1000-2
: 개인적으로 가장 추천하는 교재. 실제 토익에서 나오는 거의 모든 함정 문제가 수록됨.

★ 토익 단어 책 추천
→ ETS 토익 기출 VOCA

★ 답안지 체크에 좋은 샤프 추천
→ 스케치(sketch) 샤프(2B, 넓은 샤프심)

단어 책 한 권 부수기

입대하기 전에도 토익 공부를 해 볼까 몇 번 고민했던 적이 있습니다. 수능을 치고 대학에 들어가기 전, 대학교 1학년 여름방학, 그리고 군대 가기 전 겨울방학 때입니다. 그러나 세 번 모두 실행에 옮기지는 못했습니다. 가장 큰 이유는 마음속 깊이 필요성을 느끼지 못했기 때문입니다. 토익 성적은 유효기간이 있다 보니, 어차피 대학교 3, 4학년 때 다시 해야 한다는 마음이 컸습니다. 그렇게 점점 공부를 미뤘습니다.

대학교 3, 4학년이 되어서 토익 공부를 시작하기에는 늦습니다. 그때는 정말 취업이 코앞에 있는 상황이라 마음먹고 토익 공부를 할 시간이 턱없이 부족합니다. 누군가는 토익 공부를 미리 해 봤자 의미 없지 않냐고 물어보기도 합니다. 토익 점수가 필요할 때 공부해야 더 효과적이라는 생각이죠. 나중에 시험을 다시 쳐야 하면 공부도 다시 해야 하지 않냐는 의문입니다. 어떨까요? 미리 공부한 것이 부질없는 일일까요? 대답은 "절대 아니다."입니다.

수영이나 자전거 타기를 한 번 배워 두면 나중에 다시 할 때 금방 익숙해지듯이 토익 또한 마찬가지입니다. 토익은 매우 정형화된 시험이기 때문에 매번 큰 틀에서 벗어나지 않습니다. 토익 공부는 한 번만 해 두면 요령이 쌓이고 언제든 다시 짧은 시간 안에 준비할 수 있습니다.

토익 성적을 따 두면 다양한 곳에서 활용할 수 있습니다. 인턴십, 장학금, 교환학생 등 토익 점수를 요구하는 경우가 많습니다. 아직 대학교 1, 2학년이라고 미룰 이유가 없습니다. 무엇이든 미리 준비해서 나쁜 경우는 거의 없습니다. 게다가 토익은 3개월로 충분히 원하는 성적을 만들어 낼 수 있으므로 오랜 시간을 투자하지 않아도 됩니다.

이 책이 대학교 1학년 같은 젊은 사람만을 위한 내용은 아닙니다. 나이와 직업에 상관없이 '토익 시험 단기간 고득점 학습법'은 똑같습니다. 그리고 무엇을 공부하기에 늦은 나이는 없다고 생각합니다. 시작할지 말지 고민하지 말고 바로 시작하세요. 이 책에서 제시하는 방법대로 3개월만 공부한다면 여러분이 원하는 토익 성적에 도달할 수 있습니다.

저도 군대에 가기 전까지는 별생각 없이 살았습니다. 그랬던 제가 군대에서 토익 공부를 시작하고 단 3개월 만에 945점을 맞을 수 있었던 비결은 간단합니다. 바로 김 수병의 조언 덕분입니다. 앞에서 이미 소개했지만, 그 조언이 엄청 대단한 내용도 아닙니다. 특별한 비밀도 아니고요. 너무나 단순하고 쉬운 방법입니다. '단어 책 한 권만 열심히 외워라.'

이전에 토익 공부를 시작할 때마다 들었던 이야기가 있습니다. "토익은 혼자 공부하기 힘들다." "학원을 꼭 다녀야 한다." 모두가 같은 말을 했습니다. 그런 조언을 계속 듣다 보니 제대로 시작하기도 전에 스스로 포기하곤 했습니다.

　그에 반해 김 수병의 말은 달랐습니다. 단순히 단어 책만 외우라고 했습니다. 단어 책만 외우면 토익 800점은 나올 거라고 했습니다. 전혀 특별한 비법도 공부법도 아닌 조언이지만, 토익 공부를 시작할 수 있는 자신감을 주었습니다. 김 수병은 단어만 열심히 외우면 토익 공부는 쉽게 할 수 있다고 강조했습니다. 덕분에 토익 공부를 아주 가벼운 마음으로 시작할 수 있었습니다.

　엄밀히 말하자면 단어 공부만 한다고 해서 토익 고득점이 가능하지는 않습니다. 그러나 단어 책 외우기부터 시작하면 토익 공부는 전혀 어렵지 않습니다. 제가 경험했기 때문에 자신 있게 말할 수 있습니다. 여러분도 토익 공부를 너무 어렵게 생각하지 마세요. 누구라도 쉽고 가벼운 마음으로 토익 공부를 시작한다면 고득점을 받을 수 있습니다. 모든 일은 시작이 어렵지 일단 시작만 하면 그다음부터는 쉽게 할 수 있습니다.

　만약 누군가 제게 토익 고득점을 위해서 딱 한 가지 방법만 알려 달라고 한다면 주저하지 않고 '단어 책 한 권 외우기'를 추천하겠습니다. 단어를 완성한다면 800점 초반대는 충분히 나올 수 있습니다. 반대로 아무리 문법과 문제 풀이법을 많이 안다고 하더라도 단어가 뒷받침되지 않으면 절대 고득점은 불가능합니다. 결론은 분명합니다. 토익 공부법과 문제 풀이 기술을 익히기 전에 토익 단어 공부를 마스터해야 합니다.

대학에 입학하기까지 우리는 학창 시절 12년간 엄청난 양의 영어 공부를 해 왔습니다. 초등학교 입학 전부터 했다면 그보다 더 오랜 시간일 테고요. 대다수가 이미 많은 영어 단어를 숙지하고 있다는 뜻입니다. 더군다나 수능 영어를 공부했기 때문에 독해와 듣기에 큰 어려움이 없는 분도 많습니다. 그런데 왜 토익 성적을 내는 데는 많은 어려움을 겪을까요?

영어를 어느 정도 하는데도 토익 성적이 잘 나오지 않는 이유는 아주 간단합니다. **토익에서 쓰는 영어 단어는 지금까지 우리가 공부해 왔던 단어와 전혀 다르기 때문입니다.** 그래서 토익 시험 난이도가 지금까지 해 왔던 영어 공부와 비교해 훨씬 쉬움에도 불구하고 성적이 나오지 않는 것입니다.

상황이 이런데도 많은 분이 영어 단어를 이미 웬만큼 알고 있다는 생각에 단어 공부를 등한시합니다. 토익 공부를 시작하면서 곧바로 토익 실전 문제, 토익 문법 등을 공부하는 이유입니다.

토익은 한국에서 영어 공부를 해 왔던 사람이 접해 보지 않은 시험 유형이라는 점을 잊지 말아야 합니다. 앞서 설명했듯 토익은 영어권 국가에서 일할 수 있는지를 묻기 위한 시험으로 실생활 영어 위주입니다. 그에 반해 우리가 주로 공부했던 내신과 수능 영어는 어려운 문법, 독해를 묻는 시험입니다.

수능과 토익은 근본적으로 다릅니다. 특히 단어의 차이점은 명확합니다. 실제 토익을 공부해 본 적이 있는 분들이라면 공감할 것입니다. 토익 문제를 풀다 보면 분명히 아는 단어인데, 전혀 다른 뜻으로 사용되는 예가 많습니다. 이는 토익이 실생활 영어 위주로 출제되기 때문입니다. 토익 성적이 높다고 해서 실생활 영어를 꼭 잘한다고 볼 수는 없겠지만, 수능 영어와 비교하면 확실히 실생활 영어에 더 가깝다고 할 수 있습니다.

이러한 이유로 토익 공부를 제대로 시작하는 첫걸음은 바로 단어 책 한 권 외우기입니다. 또 하나 기억할 사실은 공부할 책은 일반 단어 책이 아니라 '토익 단어' 책이어야 한다는 점입니다. 저 역시 토익 공부를 시작하면서 가장 처음 한 일은 단어 책 한 권 외우기였습니다. 여러분도 토익 공부를 시작하기에 앞서 단어 책 한 권은 달달 외우시기 바랍니다. 의심하지 말고 시도해 보시면 좋겠습니다. 단어 책 한 권을 외우는 순간 토익 문제가 만만해질 것입니다.

다음 장에 여러분이 토익 공부를 시작해도 되는지를 측정하는 단어들이 있습니다. 이 단어들만 외우면 된다는 뜻이 아닙니다. 여기에 있는 단어 중 하나라도 모른다면 단어를 더 공부해야 합니다.

★ 필수 단어 50개
: 토익 공부 전 반드시 알아야 하는 50단어

advocate, allocate, alternative, applicant, attire, authentic, be laid off, brisk, censorship, colleague, commission, commitment to, commodity, compensate, compliance, conduct, confidential, consumption, devaluation, duplicate, emit, enactment, enclose, enforce, hand in, identical, identification, implement, issue, jet lag, keynote speech, malfunctioning, marginal, mounting, mutual, mutually, out of order, pension, proofread, push back, raise, ratio, rebate, redeemable, reference, regulate, reimburse, respondent, resume, stagnation

만약 이 단어들을 다 안다면 이제는 다른 공부를 해도 되는 단계입니다. 그러나 여기서 주의할 점이 하나 있습니다. 단어 책 한 권을 다 외웠다고 하더라도 문제를 풀다 보면 모르는 단어가 계속 나옵니다. 그럴 때마다 모르는 단어를 정리하며 외워야 합니다. 저는 '단어 노트'를 한 권 만들어 철저히 기록했습니다. 토익에서 가장 중요한 실력은 단어라는 생각을 잊어서는 안 됩니다. 단어는 매일 빼놓지 않고 공부해야 합니다.

지금까지 제가 이야기한 대로 단어 책 한 권을 다 외우고, 토익 문제를 조금 풀어 본다면 토익 800점 정도는 충분히 얻을 수 있습니다. 물론 마음속으로는 걱정이 될 수 있습니다. 주변 친구들은 대부분 토익 학원에 다니며 시험 풀이 기술, 문법 등을 배우고 있을 것이기 때문입니다.

혼자서 공부해도 성적이 나올까 하는 의심이 들 수 있지만, 염려할 필요가 없습니다. 단어 책 한 권을 외웠다면 토익 시험 대비의 기초가 끝났습니다. 다시 한번 강조하지만, 토익 영어의 핵심은 단어입니다. 문법과 문제 풀이 기술보다 단어가 훨씬 중요합니다. 단어를 튼튼히 다져 가며 준비했다면 토익 성적은 안정적으로 고득점에 도달할 것입니다.

토익 공부를 단어부터 독학으로 하면 남들보다 조금 느려 보일지 모르지만, 끝에 가서는 더 효과적인 방법이라는 사실을 깨닫게 될 것입니다. 아무리 건축 기술이 좋아도 기초를 튼튼히 하지 않고 건물만을 빠르게 지으려 한다면 절대 성공할 수 없습니다. 영어 공부 또한 마찬가지입니다. 토익 고득점이라는 목표에 도달하기 위해서는 반드시 '토익 단어'라는 기초를 튼튼하게 다져야 합니다.

토익 단어 준비가 끝났다면 이제는 아주 간단한 공부만이 남아 있습니다. 뒤에 있는 5장과 6장의 토익 공부 팁들을 숙지한 뒤 모의고사 문제를 조금 풀어 본다면 단기간에 충분히 고득점을 달성할 수 있습니다. 다시 한번 말씀드리지만, 토익 공부에서 가장 중요하면서도 힘든 공부가 단어입니다. 한 달만 열심히 단어를 암기하세요. 이후 공부는 편안할 것입니다.

효율적인 단어 공부법: 가볍게 자주 보기

그렇다면 이렇게 중요한 단어 공부를 어떻게 하면 가장 효율적으로 할 수 있는지 말씀드리겠습니다. 다시 강조하지 않아도 토익에서 단어가 가장 중요하다는 점은 이제 받아들일 것입니다. 다음 고민은 '왜'가 아니라 '어떻게'입니다. 어떤 방법이 효과적인 단어 공부법일까요?

많은 분이 단어 암기를 힘들어합니다. 저도 학창 시절 영어 단어 외우기가 참 힘들었습니다. 군대에서 영어 공부를 시작하면서도 단어 공부가 가장 큰 장애물이었습니다. 학창 시절 단어 책을 붙잡고 몇 시간을 씨름해도 잘 외우지 못했는데 '군대에서 과연 외울 수 있을까' 하는 걱정도 했습니다.

군대에서 공부할 때 가장 어려운 점은 시간 활용입니다. 오랜 시간 앉아서 공부할 수 있는 여건이 아니기 때문입니다. 저는 이런 상황을 극복하기 위해 지금까지 해 왔던 것과는 완전히 다른 방법으로 단어를 외우기로 했습니다. 바로 짧은 시간을 계속 반복해서 보는 '잦은 반복 학습'이었습니다.

제 공부법을 간략하게 소개하면 이렇습니다. 먼저 단어 공부를 시작할 때 한 번에 많은 시간을 공부하지 않습니다. 아무리 길어도 15분 정도만 합니다. 단어가 잘 암기될까요? 당연히 아닙니다. 짧은 시간 동안 공부하면 잘 외워지지 않습니다.

단어를 쉽게 암기하지 못하더라도 일단 한번 읽어 본다는 자세가 중요합니다. 대신 짧은 시간을 반복해서 공부해야 합니다. 이 점이 핵심입니다. 대략 하루에 5번 정도 단어를 반복해서 익혔습니다. 짧은 시간을 반복해서 공부하니 단어를 외웠다기보다는 그냥 읽었다는 표현이 더 맞을 듯합니다.

반복해서 읽는 공부 방식은 별로 힘들지 않습니다. 다만 반복 읽기가 효과가 있는지 의심이 들 수 있습니다. 주변 사람들 또한 제가 공부하는 모습을 보고는 "그렇게 아무리 해도 쓸모가 없다."라고 이야기하기도 했습니다. 당시 저로서는 뚜렷한 대안이 없어 이 방식을 계속 고수했습니다.

반복해서 자주 읽는 공부 방식을 많은 분이 의심하고 저 또한 고민했었습니다. 그러나 결론부터 말씀드리자면 저는 3개월 만에 토익 945점을 맞았습니다. '잦은 반복 학습'이 효과적이라는 증거입니다.

읽고 기억하지 못해도 걱정하지 마세요. 단어 공부를 할 때 최대의 적은 '망각의 스트레스'입니다. 잊어버리면 어떻습니까? 그냥 읽으세요. 부담 갖지 말고 보세요. 읽고 잊고, 다시 읽고 잊고를 반복하다 보면 어느새 단어가 기억에 새겨집니다.

단어 공부가 중요하다고 해서 무작정 많이 외우려고 덤비면 지치기 쉽습니다. 여유를 가지고 편안하게 접근해야 합니다. 한 번에 많은 단어를 외우기 위해 몇 시간을 공부하기보다는 시간 날 때마다 짬짬이 반복하는 방법이 가장 쉽게 단어 책을 정복하는 길입니다.

동의어, 반의어, 빈출 표현 같이 외우기

단어 공부할 때 신경 써야 할 중요한 팁을 하나 더 말씀드리겠습니다. 꽤 많은 분이 챙기지 못하고 넘어가는데, 단어를 외울 때 동의어·반의어 등을 함께 공부해야 합니다. 대부분 단어 책을 보면 주된 단어가 나오고 예문이 나옵니다. 그리고 단어 밑에 작은 글씨로 동의어·반의어 등이 나와 있습니다.

주된 단어, 예문, 동의어·반의어 중 토익 시험을 치기 위해 무엇을 반드시 외워야 할까요? 당연히 첫 번째로는 '단어'입니다. 다음은 동의어, 반의어, 빈출 표현이 중요합니다. 예문은 토익 시험에 크게 도움 되지 않습니다. 일반적인 토익 단어 책에서 작은 글씨로 표현된 '동의어, 반의어, 빈출 표현'을 주된 단어와 함께 암기하면 토익 문제 풀이에 크게 도움이 됩니다.

예를 들어 만약 빈칸 뒤에 'increase(증가하다)'라는 동사가 나온다고 가정해 보겠습니다. 빈칸에 들어갈 단어는 'sharply(급격히)', 혹은 이와 유사한 표현입니다. 단어를 익힐 때 한 단어만 외우지 말고 연결된 표현을 함께 암기해야 하는 이유입니다.

여러 단어를 조합하는 식으로 정리해 놓은 제 단어 공책을 보면서 이상하게 생각하는 사람들도 있었습니다. 단어장이라고 하지만, 단어 하나만 적어 놓지 않고 여러 표현을 묶어서 메모를 해 뒀기 때문입니다.

토익 시험은 정형화된 문제이기 때문에 빈출 표현이 반복해서 출제됩니다. 예외에 대비하기보다는 빈도가 높은 표현을 암기하는 방식이 유리합니다. 앞서 나온 'increase'를 한 단어로만 외우지 말고 'sharply increase'로 정리하고 기억해야 합니다.

또한 토익 시험은 출제되는 표현과 단어가 한정되어 있습니다. 그래서 저는 자주 답이 되는 단어와 표현은 하나의 표로 만들어 정리했습니다. 묶어서 공부하는 방식이 효과가 큽니다. 덕분에 처음 모의고사를 풀었을 때 Part 5에서 4, 5문제를 맞추던 제가 단번에 4, 5문제만 틀리는 수준까지 성장할 수 있었습니다.

'가볍게 & 반복해서 읽기'와 '동의어, 반의어, 빈출 표현을 같이 기억하기'가 제가 군대라는 제한된 여건에서 했던 단어 공부법입니다. 실제 문제 풀이법과 빈출 단어들은 6장에서 자세히 말씀드리겠습니다.

다시 한번 강조합니다. 단어 공부만 열심히 한다면 토익에서 많은 어려움이 사라집니다. 토익을 준비하는 분 중 대부분은 800점대가 목표일 겁니다. 딱 한 달만 열심히 단어를 외우고 5장, 6장에서 말씀드리는 시험 기술을 익힌 뒤 모의고사를 10회 정도 풀어 본다면 토익 800점은 무난히 달성할 수 있습니다.

수능과 토익의 차이점

1. 단어

첫 번째로 다른 점은 단어입니다. 수능을 잘 쳤던 분들도 토익에서 생각보다 성적이 잘 나오지 않는 가장 큰 원인입니다. 이런 까닭에 단어의 중요성을 여러 번 강조했습니다. 둘 다 같은 영어 시험인데 수능과 토익의 단어가 왜 다를까요? 바로 시험의 목적 때문이라고 생각합니다. 수능은 학술적인 성적을 테스트하고 토익은 영어권 국가에 취업하기 위한 능력을 측정합니다. 수능과 토익은 근본적으로 시험의 목적이 다릅니다.

시험 목적이 같지 않으니 지문에서 다루는 소재 역시 다를 수밖에 없습니다. 지문 내용이 다르니 주로 사용하는 단어 역시 차이가 납니다. 기본적으로 수능은 출제 지문을 신문 사설, 학술지, 논문 등에서 발췌합니다. 그에 반해 토익은 주로 실생활에서 사용되는 이메일, 메뉴판, 광고 전단지 등을 이용합니다. 상식적으로 생각해도 학술지나 논문에서 사용하는 단어와 실생활에서 쓰는 어휘는 매우 큰 차이가 있습니다.

이는 실제 시험을 칠 때도 많은 영향을 줍니다. 수능 지문은 단어 자체의 난이도 때문에 해석하기가 어렵습니다. 실생활에서 잘 사용하지 않는 단어가 빈번히 나오니 이해가 쉽지 않습니다. 이에 반해 토익은 실생활에서 사용되는 말들로 출제되기 때문에 뜻만 알면 일단 읽고 이해하는 데 큰 어려움이 없습니다. 토익 시험의 난이도가 수능보다 훨씬 낮게 느껴지는 이유입니다.

한글도 단어만 알면 모든 글을 읽을 수는 있듯이 영어도 단어만 알고 있다면 전체 해석이 어렵지는 않습니다. 이러한 이유로 토익은 비싼 돈을 들여 공부해야 하는 시험은 아니라고 생각합니다. 토익은 기본 전제부터가 실생활 영어입니다. 공부라는 개념보다는 상황에 맞는 표현에 익숙해지는 연습입니다. 이런 까닭에 토익 시험은 혼자서도 충분히 준비할 수 있습니다.

학원이나 인터넷 강의를 이용하는 공부법이 무조건 나쁘다는 주장은 아닙니다. 분명히 혼자 공부하는 방식보다 더 효과적일 수도 있습니다. 전문가의 노하우를 통해 시행착오를 줄일 수 있으니까요. 그러나 '혼공'으로 3개월이면 준비할 수 있는 토익 시험을 위해 굳이 추가 비용을 들여야 할까요? 선택은 여러분의 몫입니다.

2. 읽기와 듣기의 비중

　수능과 토익의 두 번째 차이는 읽기와 듣기의 비중입니다. 현재 학교에서 가르치는 영어는 독해와 문법 영역에 치우쳐 있습니다. 수능 문제를 보면 알 수 있습니다. 듣기와 읽기 부분의 문제 난이도에 큰 차이가 있습니다. 듣기는 쉽고, 읽기는 매우 어렵습니다.

　더 자세히 비교하자면 수능에서 듣기 영역은 초등학생 수준으로 출제되는데, 독해는 대학 논문, 학술지 수준이라고 할 수 있습니다. 실제 시험에 출제되는 독해 지문 중 일부 내용은 미국인에게도 쉽지 않다는 얘기를 들은 적이 있습니다.

　이런 구조 속에서 공부했으니 상대적으로 듣기 능력은 발달하기가 어렵습니다. 당연히 토익의 LC(듣기) 파트가 버거울 수밖에 없습니다. 수능 영어 성적과 토익 성적이 비례하지 않는 이유는 바로 여기에 있습니다. 토익의 경우 수능과는 달리 듣기와 읽기의 비중이 거의 같기 때문입니다.

　토익은 LC 100문제와 RC 100문제로 구성되어 있습니다. 각각 똑같은 수의 문제가 출제됩니다. 토익 RC를 다 맞힌다고 하더라도 LC를 한 문제도 맞히지 못한다면 성적이 500점도 나오지 않는다는 뜻입니다. 이는 독해와 문법에 치우쳐 공부해 온 우리에게는 불리한 시험 구조입니다.

　실제 공부를 해 보면 느끼겠지만, 학창 시절 영어 공부를 어느 정도 했던 분이라면 토익 RC는 조금만 연습해도 고득점이 가능합니다. 토익 단어를 외우고 문제 풀이 기술만 조금 배운 뒤 실전 문제들을 풀어 본다면 RC 파트에서 높은 점수를 받을 수 있습니다. 하지만 LC 파트는 조금 다릅니다.

우리는 학창 시절부터 워낙 낮은 수준의 듣기 공부만 해 왔기 때문에 리스닝 실력은 상대적으로 떨어집니다. 실제 토익의 듣기 파트를 들어 보면 어떤 느낌인지 알 것입니다. 처음에는 거의 들리지 않습니다. 수능 듣기평가를 생각하고 토익 LC를 들으면 처음에는 크게 당황하게 될 것입니다. 그럼 어떻게 준비해야 좋을까요? 안타깝게도 토익 LC 파트의 성적을 올리기 위해서는 별다른 방법이 없습니다. 반복해서 들어 익숙해져야 합니다. 그것이 기본입니다.

대신 이 책에서는 '단순히 많이 들어야 한다' 같은 대원칙뿐만 아니라, 문제 풀이에 유용한 기술도 알려 드리겠습니다. 듣기 실력이 조금 부족하더라도 실전 팁을 익히고 나면 점수를 올리는 데 큰 도움이 될 것입니다.

3. 문제 풀이법

마지막 차이는 문제 풀이법입니다. 이는 두 시험의 문제 출제 방식에 기인합니다. 수능은 시험의 문제 수가 시간에 비해 그렇게 많지 않습니다. 대신 한 문제 한 문제가 모두 어렵습니다. 쉬운 문제는 거의 없습니다. 그에 반해 토익은 문제 수가 많은 대신 평범한 문제도 많습니다. 비교하자면 수능은 양보다 질을 중시하고 토익은 질보다 양이 우선입니다.

이러한 이유로 문제 풀이법에 차이가 생기게 됩니다. 수능은 문제가 어렵다 보니 하나하나 집중해서 풀어야 합니다. 많은 함정이 있고, 정확한 이해를 요구하는 문제들로 이루어져 있습니다. 반면에 토익은 빠르게 문제를 푸는 능력이 중요합니다. 수능에 비하면 함정도 거의 없습니다. 지문을 읽기만 하면 쉽게 문제가 풀리는 경우가 대부분입니다.

유형을 보더라도 수능은 답을 찾기 위해 논리적 추론을 요구하는 문제가 많습니다. 제시된 문장을 통해 상황을 이해하고, 이치에 맞게 생각을 확장해야 합니다. 토익은 다릅니다. 대부분 문제의 지문에서만 답을 찾으면 됩니다. 논리적 추론은 오히려 해가 되기도 합니다. 여러 가지 생각을 집어넣다 실수를 하니까요. 토익은 오직 지문을 바탕으로만 문제를 풀어야 합니다.

자기 생각에는 어떤 답이 말이 된다고 해서 고르더라도 틀릴 수 있습니다. 토익은 그런 시험입니다. 어떤 문제는 제시된 보기가 전부 말이 되기도 합니다. 상황을 이해하고 추론하면 오답으로 빠질 수 있습니다. 문제를 풀 때 반드시 지문에만 의지해야 합니다.

토익 문제는 지문에 답이 있습니다. 지문에 있는 내용이 그대로 나오면서 단어만 약간 변형돼 있으므로 정답을 찾을 때 유사한 의미의 단어와 내용만 고르면 됩니다. 그래서 단어를 외울 때 유사한 단어, 동의어 등을 함께 외워야 합니다.

세 가지 특징 이외에도 토익과 수능에는 많은 차이가 있습니다. 그러므로 여러분이 지금까지 영어 공부를 얼마나 잘했는지는 별로 중요하지 않습니다. 지금부터 시작해 혼자 힘으로 공부를 하더라도 단 3개월 만에 충분히 끝낼 수 있는 시험이 바로 토익입니다.
 이렇게 쉬운 시험인데도 많은 사람에게 토익은 큰 걱정거리 중 하나입니다. 주변 사람들이 평소 우리에게 너무 자주 겁을 주었기 때문입니다. 그러나 여러분은 걱정할 필요가 없습니다. 이 책에 있는 내용대로만 한다면 충분히 토익 고득점이 가능합니다.

시간을 지배한 사나이

처음 군대에서 공부를 시작하면서 느낀 가장 큰 어려움은 다름 아닌 시간이었습니다. 이런 말을 하면 주변 사람들은 늘 "너는 군대도 편한 곳에서 꿀 빨면서 생활했는데, 무슨 시간이 없었냐?"라고 이야기합니다. 맞습니다. 저는 편한 곳에서 군 생활을 했고 남는 시간도 비교적 많았습니다.

그러나 사회와는 분명한 차이가 있습니다. 자투리 시간은 많지만, 사회에서 공부할 때처럼 2~3시간 연속해서 책상에 앉아 공부할 시간은 없습니다. 대신 군대에서는 10분, 20분 정도씩 버려지는 시간이 많습니다. 군대에서는 모두 정해진 시간에 일어나고 정해진 시간에 밥을 먹고 정해진 일정에 따라 생활합니다. 그러다 보니 스스로 무엇인가 계획해 오랜 시간 동안 공부하기란 현실적으로 불가능합니다.

특히 저는 입대하기 전 학교에 다닐 때 책상에 오래 앉아 혼자 공부하는 스타일이었습니다. 하지만 군대에서는 그럴 수 있는 여건이 아니었습니다. 제 페이스대로 장시간 공부할 수도 없고 혼자만 집중할 수 있는 곳도 없었습니다. 그렇다 보니 처음에는 군대에서 책을 읽거나 공부하는 데 어려움을 겪었습니다.

책 속에서 찾은 길

첫 일 년을 흘려보낸 후 고민이 시작되었습니다. 계속 가만히 있을 수는 없었고 뭔가 돌파구가 필요했습니다. 새로운 방법을 찾던 중 우연히 책 한 권을 만났습니다. 굉장히 오래돼 보이는 책이었는데, 제가 근무하던 도서관의 '보존 서고'라는 창고에서 발견했습니다.

"시간을 지배한 사나이(그라닌 저)"는 한 번도 들어 보지 못한 제목이었습니다. 무슨 내용인지 전혀 알지 못했지만, 제목만으로 관심이 생겼습니다. 처음에는 제목에 끌려 가볍게 펼쳐 보았는데, 제게 많은 영향을 준 책이 되었습니다.

이 책을 끝까지 다 읽을 즈음에 그동안 고민했던 군대에서의 시간 관리에 대한 해법을 찾았습니다. 이 책에서 제가 봤던 내용이 무엇이었을까요? 토익을 전혀 몰랐던 제가 이 책의 어떤 내용 덕분에 짧은 시간 만에 945점을 받을 수 있었을까요?

처음에 책을 봤을 때는 소설로 생각했습니다. 도서관 분류 기호도 '소설'로 되어 있어 판타지 소설이겠거니 짐작했습니다. 그러나 첫 페이지를 열면 이 책은 실화라는 말과 함께 사진 몇 장이 있습니다. 소설이 아니어서 실망했지만, 조금이라도 읽어 보자는 마음으로 책장을 넘겼습니다.

책을 읽을수록 진짜 이런 사람이 있을까 하는 생각을 하게 됐습니다. 정말 소설보다 더 소설 같은 삶을 산 한 남자의 이야기였습니다. 책의 줄거리는 간단합니다.

주인공 이름은 '그라닌'입니다. 그라닌은 자신의 모든 시간을 기록했습니다. 주변을 둘러보면 계획표나 일기를 쓰며 자신이 보낸 시간을 정리하는 사람이 제법 있습니다. 그러나 그라닌에게는 일반적인 방식과는 비교할 수 없는 특별함이 있습니다. 그는 자신이 보낸 시간을 초 단위로 기록했습니다. 말 그대로 정말 '모든 시간'에 대해 적었습니다.

그라닌은 자신의 계획과 실행을 매일 평가했습니다. 더 효율적으로 살기 위해 줄일 수 있는 시간을 확인했고 나은 방향으로 개선했습니다. 최선을 넘어 완벽한 삶을 꿈꾸었다고 할까요. 그라닌이 추구했던 삶의 방식은 저에게 강한 영감을 주었습니다. 아마 누구라도 자신의 하루 삶을 초 단위로 기록해 본다면 허비하고 있는 시간이 보일 것입니다.

변화를 원한다면 기록부터 시작하라

책을 덮으며 많은 생각이 들었습니다. 그리고 결심했습니다. 얼마 남지 않은 군 생활 동안 그라닌과 같은 삶을 살아 보겠다고요. 저에게는 변화가 필요했습니다.

우선은 군대에서의 일과를 기록하기 시작했습니다. 책에서 봤던 그라닌과는 달리 저는 매일매일 반복되는 일상이었기에 하루만 적으면 다른 날에도 그대로 적용 가능했습니다. 뻔한 일과였지만, 일단 매일 기록하기로 했습니다. 그라닌처럼 초 단위로 정리하지는 못했지만, 모든 하루를 적어 보았습니다.

그렇게 하루의 일상을 기록으로 남기니 낭비되는 시간이 얼마나 많은지 알 수 있었습니다. 약점을 발견하니 어떻게 개선할지도 보였습니다. 먼저 세 가지 남는 시간에 주목했습니다. 아침 조별 과업 후, 오전 일과 후, 그리고 저녁 시간입니다. 이 시간을 먼저 활용하기로 마음먹었습니다.

처음에는 쉽지 않았습니다. 원래 성격이 부지런한 편이 아니다 보니 일분일초를 의미 있게 보내기란 여간 피곤한 일이 아니었습니다. 초반에는 계획대로 살지 못했지만, 시간이 지나면서 차츰 몸이 적응했습니다. 계획했던 세 가지 남는 시간뿐만 아니라 다른 5분, 10분도 허투루 보내지 않고 활용하기 시작했습니다.

이렇게 '자투리 시간'에 집착하니 주변 사람들이 "그렇게 짧은 시간 동안 뭘 한다고 그리 난리냐?"라며 핀잔을 주기도 했습니다. 남는 시간에는 휴식하고 나중에 몰아서 집중하는 편이 더 효과적이라고 얘기하는 사람도 있었습니다. 그러나 저는 '그라닌'의 삶의 방식을 따르기로 했습니다. 사소해 보이는 작은 시간이 모여 큰 차이가 될 것이라 믿으면서요.

돌아보니 나름 효율적인 시간을 보냈다는 생각이 듭니다. 만약 자투리 시간을 활용하지 못했다면 3개월 공부로 토익 고득점을 받지 못했을 겁니다.

짧은 시간을 활용하는 방식은 공부법에도 많은 영향을 주었습니다. 과거의 저였다면 단어를 오랜 시간 동안 한 번에 외우는 방식으로 공부했을 텐데, 5분가량의 짧은 시간에 단어를 반복해 익히는 방식으로 바꿨습니다. 결과적으로 이 방식은 굉장히 효과적이었습니다.

모의고사 문제 풀이도 마찬가지입니다. 예전에는 한 번에 모든 문제를 풀었지만, '그라닌'의 책을 읽은 후에는 1분이라도 남는 시간이 있으면 한 문제라도 더 풀려고 했습니다. 나중에 계산을 해 보니 한 번에 문제를 풀었던 과거 방식과 비교해 같은 시간 동안 약 2배 정도의 문제를 풀 수 있었습니다. 놀라운 차이였습니다. 아마 이러한 작은 시간이 모여 단기간 토익 고득점이 가능했을 것입니다.

우리는 무엇을 시도할 때 시간 핑계를 대는 경우가 많습니다. 시간이 부족하다는 이유로 많은 일을 포기하고 살아갑니다. 그런 분들에게 제가 했던 방법을 추천하고 싶습니다. 특별히 더 시간을 내라는 말이 아닙니다. 일과 속에서 낭비되던 시간을 활용하는 방법이니까요.

가장 먼저 할 일은 자신의 일과를 빠짐없이 적어 보기입니다. 하루에 있었던 모든 일을 기록하면 활용할 수 있는 시간을 분명 찾을 것입니다. 여러분도 그 시간을 통해 새로운 일에 도전해 보면 좋겠습니다.

3개월 만에 토익 정복하기

지금부터는 어떻게 공부할지 함께 계획을 세워 보겠습니다. 모든 일에서 가장 중요한 과정은 사전 계획이라 생각합니다. 올바른 시간표를 짜서 그대로 실행한다면 실패할 확률이 줄어드니까요. 적절한 계획을 하기 위해서는 우선 자신의 능력부터 파악해야 합니다.

제가 말씀드릴 공부 계획은 딱 3개월짜리입니다. 이는 토익을 전혀 알지 못하는 분을 위한 기간입니다. 그렇다고 해서 영어 초보를 위한 방법은 아닙니다. 만약 여러분이 고등학교 영어 듣기평가에서 큰 어려움을 겪는 수준이라면 조금 더 시간이 걸릴 것입니다. 대신 짧은 글 정도는 해석이 되고 영어 듣기평가에 큰 어려움이 없다면 누구나 따라 할 수 있습니다.

토익 공부 경험이 있고 기본적인 영어 실력이 되는 분이라면 더 짧은 기간에 원하는 성적을 얻을 수도 있습니다. 여기서 말씀드릴 내용은 보편적인 분들을 위해 만든 3개월짜리 토익 공부 계획표입니다.

이 공부법의 가장 큰 특징은 3개월 동안 토익 공부에만 집중하지 않아도 된다는 점입니다. 대학생이라면 학기 중 학과 공부와 병행할 수도 있고, 직장인이라면 회사에서 일하는 틈틈이 공부할 수 있습니다. 3개월 만에 토익을 정복한다고 해서 내내 토익 공부만 하라는 말이 아닙니다. 평소처럼 생활하면서 약간의 공부를 추가하자는 얘기입니다.

하루에 투자해야 하는 시간은 대략 2시간 정도입니다. 이 2시간은 한 번에 2시간이 아니라 30분, 10분, 5분씩 쪼갠 시간을 모두 합친 것입니다. 그렇게 작은 시간만 투자해서 성과를 낼 수 있을지 걱정하는 분도 있으실 겁니다. 의심하지 말고 한번 시도해 보시기 바랍니다. 저 역시 다른 대안이 없어 선택한 방법이었지만, 분명히 이 공부법으로 단기간에 토익 고득점을 받았으니까요.

자투리 시간을 활용하라

앞 장에서 말씀드렸듯이 토익을 공부하기 위해 특별히 시간을 내기보다 자투리 시간을 최대한 활용하면 됩니다. 지금 여러분들 모두가 자신의 하루를 적어 보았으리라 믿습니다. 그 시간표를 보면 얼마나 많은 시간이 낭비되는지 확인할 수 있을 것입니다. 그 시간은 여러분이 즐기고 있는 인터넷, 유튜브, 게임 등과 같은 여가 활동을 의미하지 않습니다. 정말 아무 일도 하지 않고 아깝게 버려지는 시간을 뜻합니다.

예를 들어 대학생이라면 수업 시작 5분 전 빈둥거리며 의자에 앉아 있는 시간, 점심 먹고 다음 수업까지 남은 애매한 15분 등 소소하게 버려지는 시간을 말합니다. 하루 중 이런 5분, 10분은 자주 발생합니다. 대부분 스마트폰을 켜고 한 번 읽었던 SNS를 다시 확인하거나 몇 달 후면 아무 관심 없을 가십거리를 봅니다. 시간을 죽이고 있는 셈이죠. 바로 이러한 시간을 토익 공부에 쓰라고 이야기하고 싶습니다. **아무 쓸모없어 보이는 시간을 전부 모아 보면 하루에 1시간 이상의 시간을 얻을 수 있습니다.**

자투리 시간을 활용하기로 마음을 먹었다면 이제부터는 이 시간 동안 할 수 있는 일을 고민해 봐야 합니다. 많은 분이 과연 이 짧은 시간 동안 무엇을 할 수 있을까 의문을 가질 것입니다.

처음 한 달은 다른 공부를 할 필요가 없습니다. 토익 단어만 공부하면 됩니다. 토익을 처음 시작하는 분은 물론이고, 토익을 공부하던 분까지 모두 해당됩니다. 어휘 실력에 따라 기간 차이가 조금은 있겠지만, 토익을 처음 시작할 때는 꼭 한 달간 단어 공부에만 집중하기 바랍니다.

주변에서 토익 공부를 시작하는 사람들을 보면 학원에 가서 문법, 독해부터 배우기 시작합니다. 그런 친구들과 비교해 보면 지금 내가 단어만 외워도 될까 하는 걱정이 들 수 있습니다. 전혀 염려할 필요가 없습니다. 처음 한 달은 정말 온전히 단어에만 집중해도 됩니다. 토익 단어를 최대한 빨리 정복하는 길이 가장 효율적인 공부법입니다. 저 또한 처음 한 달간 단어만 공부하면서 의심이 들 때가 있었습니다. 과연 이렇게 단어만 외우고 있어도 될까? 하지만 첫 시험을 친 후 막연했던 믿음이 확신으로 변했습니다. '단어 마스터'가 토익을 졸업하는 지름길입니다.

그러니 처음 한 달간은 마음 편하게 단어만 공부하면 됩니다. 단어가 제대로 되지 않은 상태로는 아무리 다른 영역을 공부해도 여러분의 실력이 되지 않습니다. 무조건 단어 공부를 먼저 해서 기초를 단단히 쌓고, 다른 공부를 시작해야 합니다.

단어 공부를 하는 동안 3일 치 분량은 매일 복습하기 바랍니다. 단어 책 한 권을 다 끝낸 뒤에도 단어 공부는 놓지 말아야 합니다. 실전 문제를 풀다가 모르는 단어가 있으면 자기만의 단어장에 적어 가며 계속 공부해야 합니다.

처음 한 달 동안 단어에만 집중하는 학습법이 가장 좋지만, 온종일 단어만 공부하기는 지루할 수 있습니다. 이럴 때 가장 좋은 방법이 인터넷 활용입니다. 수많은 사이트에서 매일 풀 수 있는 토익 문제를 제공합니다. 단어 공부가 지겨울 때는 한 번씩 문제를 푸는 것도 좋은 방법입니다.

스마트폰 앱 이용하기

제가 가장 추천하는 수단은 스마트폰 앱입니다. 현재 꽤 많은 토익 관련 앱이 있습니다. 그중 가장 마음에 드는 앱을 이용해 남는 시간 동안

한두 문제를 풀면 됩니다.

만약 처음 한 달 만에 단어 책 한 권을 끝냈다면, 이제 남은 공부는 어렵지 않습니다. 남은 두 달 동안 실전 모의고사를 풀어 보면 됩니다. 2개월 동안 매주 최소 5개 정도의 모의고사를 소화해야 합니다. 저는 평일에 하나씩 풀고 토요일에는 틀렸던 문제를 다시 확인하는 방식으로 정리했습니다. 이때 오답 노트 기록은 필수입니다. 틀렸던 문제에서 실수를 줄여야 점수가 올라가니까요. 그렇게 한 주를 보낸 후 일요일은 공부하지 않고 휴식을 취했습니다.

저는 일요일에는 공부를 전혀 하지 않았습니다. 일주일 동안 하루도 빼지 않고 공부하면 몸과 머리에 너무 무리를 줄 수 있어 하루는 꼭 쉬어 줍니다. 여러분도 무슨 공부를 하든지 일요일 하루 정도는 온전히 쉬면서 자신을 다시 채운 뒤 학습하기를 권합니다.

900점을 원한다면 기본서 대신 모의고사를 풀어라

많은 분이 토익 준비를 하면서 보는 책이 있습니다. 보통 '파랑이'와 '빨강이'로 부르는 교재입니다('해커스 토익 LC'와 '해커스 토익 RC'를 뜻합니다). 토익을 준비하는 분이라면 다들 보는 책입니다. 저도 샀지만, 다 풀지는 않았습니다. 처음 2주 정도는 보려고 노력했으나 시간이 흐를수록 필요성이 느껴지지 않았기 때문입니다. 책의 내용이 너무 많고 크게 중요하지 않은 부분까지 다룹니다.

그래서 그 책을 추천하고 싶지는 않습니다. 정말 좋은 책이지만, 단기간에 토익 점수를 따기 위한 사람에게는 맞지 않습니다. 그 책은 토익을 기초부터 튼튼히 쌓으면서 만점을 노리는 분들에게 적합합니다. 빠르게 토익 고득점을 얻기 원한다면 굳이 풀 필요는 없다고 생각합니다.

남들이 다 공부하니 걱정되는 마음에 사긴 했지만, 결론적으로 저는 그 책을 다 풀지 않고도 900점 이상을 맞았습니다. 여러분도 공부하면서 남들이 하니까 휩쓸려 하는 경우가 있을 것입니다. 그러지 않으면 좋겠습니다. 주변 사람들에게 영향을 받지 말고, 나에게 맞는 방법인지를 차분히 따져 봐야 합니다.

그러면 공부할 때 어떤 책을 봐야 할까요? 모든 시험에는 실전 문제집이 가장 중요합니다. 아무리 기본서를 많이 봐도 실제 시험문제가 어떤지 모르면 아무 소용이 없습니다. 그래서 우리는 남은 두 달 동안 오직 실전 모의고사만 풀어 볼 것입니다.

모의고사를 풀기 위해선 보통 2시간 정도가 필요합니다. 공부할수록 점점 시간이 짧아지지만, 대부분 처음 모의고사를 풀면 2시간도 부족합니다. 간혹 시간을 재면서까지 문제 풀이를 연습하는 사람도 있습니다. 그러나 그 방법은 크게 효과가 있다고 생각하지 않습니다. 아무리 시간을 재면서 문제를 풀어도 푸는 속도가 빨라지지는 않기 때문입니다.

그럼 문제 풀이 시간은 어떻게 단축할 수 있을까요? 제가 생각하는 정답은 오직 하나입니다. 무엇이겠습니까? 많이 풀어 보기입니다. 뻔한 이야기지만, 이 방법이 아니라면 토익 시험에 익숙해질 수 없습니다. 문제 지문이 친숙해져야 2시간 안에 토익 문제를 모두 풀 수 있습니다. 익숙해졌다는 뜻은 몇 번 문제에 어떤 유형의 지문이 나오는지 알고 있다는 의미입니다. 그런 경지에 도달해야 실제 토익 시험장에서 시간이 부족하지 않습니다. 남은 두 달 동안 매일 모의고사를 하나씩 푼다면 시간은 전혀 문제가 되지 않습니다.

매일 하나씩 모의고사 풀기

모의고사를 매일 풀기에는 시간이 부족하다고 할 수 있습니다. 모든 문제를 한 번에 전부 풀려면 분명히 많은 시간이 필요합니다. 그러나 모의고사를 풀 때도 자투리 시간을 활용한다면 좀 더 쉽게 목표를 달성할 수 있습니다.

먼저 매일 아침 30분이라도 모의고사를 풀어야 합니다. 아침 시간이 부족하면 평소보다 30분만 일찍 일어나시기 바랍니다. 30분의 시간을 이용해 문제를 풀 만큼 푼 후 남은 문제는 자투리 시간에 풀면 됩니다. 이때 문제들을 사진으로 찍어 두는 방법을 추천합니다. 모의고사 책은 너무 크고 무거워 들고 다니기 불편합니다. 사진으로 찍어 스마트폰에 저장해 두고 시간 날 때마다 한 문제씩 푼다면 하루에 하나 모의고사 풀기는 그렇게 어렵지 않습니다.

다시 한번 말씀드리지만, 모의고사를 풀 때 처음에는 시간에 연연할 필요가 전혀 없습니다. 초반에는 누구나 시간이 모자랄 수밖에 없습니다. 괜한 스트레스를 받지 마세요. 시간을 재지 말고 차라리 한두 문제라도 더 풀어 보세요. 다양한 유형의 문제 풀이 경험이 시간 단축에 훨씬 더 도움 됩니다.

대부분 처음 실전 모의고사를 풀면 심하게 많이 틀립니다. 괜히 주눅 들거나 걱정할 필요가 전혀 없습니다. 저도 단어 공부를 마치고 처음 모의고사를 풀었을 때는 겨우 반 정도 맞혔습니다. 시간이 지나면서 차츰 나아져 나중에는 거의 틀리지 않는 수준까지 올 수 있었습니다. 제 머리가 좋아서가 아니라 토익 시험의 성격 때문입니다.

실전 모의고사를 계속 풀어 보면 문제가 대부분 유사하다는 사실을 알 수 있습니다. 토익은 정형화된 문제가 반복되는 시험입니다. 모의고사를 많이 접해야 하는 이유입니다. 처음에 실전 모의고사 10개 정도만 완벽히 분석해 두면 다음부터는 큰 어려움 없이 문제를 풀 수 있습니다. 이때 효과를 높이기 위해서는 반드시 오답 노트를 만들어야 합니다. 틀린 문제는 왜 틀렸는지 철저히 분석해 다시는 실수하지 않도록 해야 합니다.

또 하나 중요한 사항이 있습니다. 한 달간의 단어 공부가 끝났으니 모의고사를 푸는 두 번째 달부터는 단어 공부를 하지 않아도 될까요? 절대 아닙니다. 계속 강조하지만, 토익에서 가장 중요한 공부 대상은 단어입니다. 모의고사를 풀면서 모르는 단어를 보면 반드시 정리해야 합니다. 자신만의 단어장을 만들어 계속 반복할수록 토익 점수는 올라갑니다.

토익 시험에 문법 문제가 있나요?

토익 오답 노트를 만들 때 한 가지 명심할 내용이 있습니다. 다른 시험의 오답 노트와는 달리 틀린 문제의 근본 원리까지 공부할 필요는 없다는 점입니다. 영어는 언어입니다. 그래서 토익은 언어 감각으로 문제를 푸는 경우가 많습니다. 우리가 말을 할 때 문법 원리까지 생각하며 말하지 않듯 영어도 마찬가지입니다.

군 생활을 할 당시 토익 점수가 거의 만점이 나오던 어학병이 있었습니다. 해외에서 대학을 나온 사람이었죠. 그 수병과 대화하다 토익 공부의 어려움을 토로한 적이 있습니다. 다른 영역은 괜찮은데, 문법은 너무 어렵다고요. 그 수병은 의아한 표정으로 저를 봤습니다.

"토익 시험에 문법 문제가 있나요?"

그 수병의 이야기는 이러했습니다. 자신은 토익에서 문법 영역이라고 분류되는 문제들을 수능을 풀듯이 문법 지식으로 푸는 것이 아니라고 했습니다. 그냥 감각적으로 어색한 부분을 찾아낸다고 했습니다. 문제를 읽은 후 더 적합해 보이는 표현을 선택할 뿐이라고 했습니다.

한글을 읽을 때를 생각해 보면 쉽게 이해가 됩니다. 오류가 있는 문장을 보면 문법을 따지기 전에 그냥 어색한 느낌이 듭니다. 토익 문법도 마찬가지입니다. 따져서 판단하지 않고 직감으로 알 수 있죠.

문제는 그러한 영어 감각을 익히기가 어렵다는 데 있습니다. 너무나 많은 시간이 필요하기 때문입니다. 이러한 이유로 토익에서 문법 공부에 시간을 투자하는 일은 좋은 학습전략이 아니라고 생각합니다.

문법을 체계적으로 공부하기보다는 단순하게 접근했으면 합니다. 자신이 무엇을 항상 틀리는지를 분석해 그 답에 익숙해지는 방법을 추천합니다. 그러기 위해서는 많은 문제를 풀어 봐야 합니다. 단기간에 영어 감각까지 기를 수는 없지만, 정답을 찾아내는 감은 발전시킬 수 있습니다.

많은 분이 토익을 준비하면서 문법 공부로 아까운 시간을 낭비하고 있습니다. 안타까운 마음에 다시 한번 묻고 싶습니다.

"여러분이 원하는 것은 문법 정복입니까, 토익 고득점입니까?"

토익 고득점을 목표로 한다면 할 일은 분명합니다. 문법을 공부할 시간에 실전 문제를 하나라도 더 풀어야 합니다. 단기간에 토익을 졸업하기 원한다면 문법은 외면해야 합니다.

토익은 절대 어려운 시험이 아니다!

이것으로 토익 공부 3개월 계획이 끝났습니다. 특별한 내용도 없고 너무 간단하게 이야기해 못 미더운 분들도 있을 것 같습니다. 다시 한번 말씀드리지만, 토익은 그렇게 어려운 시험이 아닙니다. 수능을 공부할 때처럼 온 힘과 시간을 소비할 필요는 없습니다. 많은 분이 토익을 위해 오랜 시간 공부하지만, 저는 짧은 기간 동안 공부를 했습니다.

군대라는 제한된 여건에서도 자투리 시간을 이용한 공부는 크게 힘들지 않았습니다. 여러분도 시도해 보세요. 군인이든 학생이든 직장생활을 하든 어떠한 환경에서도 토익 공부는 할 수 있습니다.

꽤 많은 분이 토익 성적을 얻기 위해 돈과 시간을 낭비하고 있다고 생각합니다. 주변 친구들을 봐도 너무 힘들게 토익을 공부하는 것 같습니다. 다시 한번 말씀드리고 싶습니다. 이 책대로 한번 해 보시기 바랍니다. 3개월이면 가능합니다. 저는 운 좋게 군대에서 이 방법을 배웠고, 그대로 실행했습니다. 결과는 3개월 만에 895점, 이후 한 번 더 시험을 쳐서 945점이었습니다. 제가 했던 방식대로 한번 해 볼 만하지 않을까요?

★ 실전 Tip: 3개월 만에 토익 900 달성하기 계획표

1. 한 달간 토익 단어 외우기

2. 두 달간 주 5회 모의고사 풀기
(주 5일 동안 하루 1회 시험, 토요일은 총정리 및 복습)

★ 모의고사 후 '오답 노트' 및 '단어장' 정리는 필수!

토익 공부의 실질적인 계획을 말씀드리겠습니다. 큰 틀로 3개월을 잡았지만, 각자 수준에 맞춰 더 줄이거나 늘리셔도 괜찮습니다.

먼저 첫 번째 한 달은 단어 책 한 권 외우기입니다. 시중에 많은 토익 단어 책이 대부분 30일 분량으로 구성되어 있습니다. 그중 실제 토익 시험 출제 회사인 YBM에서 나온 단어 책(ETS 토익 기출 VOCA)을 추천합니다. 실제 토익 시험과 가장 비슷한 단어가 들어 있기 때문에 이 책 한 권만 다 외운다면 토익 시험을 칠 때 단어로 힘든 일은 없을 겁니다.

첫 한 달간 단어 책 한 권을 끝내셨다면, 다음 달부터는 모의고사를 매일 한 개씩 풀어야 합니다. 모의고사를 하나 푸는 시간은 약 2시간 정도가 걸립니다. 하루에 몇 번 나누어서 풀어도 되니 한 개씩은 다 풀어야 합니다.

문제를 푼 후에는 꼭 '오답 노트'를 만들기 바랍니다. 자신이 틀린 부분을 확인해 왜 틀렸는지 분석해야 실력이 늡니다. 문제를 풀면서 몰랐던 단어는 단어장에 정리해야 합니다. 토익 공부를 처음 시작해 시험을 보는날까지 단어는 매일 외우시기 바랍니다.

단순해 보이지만, 이렇게 딱 두 달만 해도 토익 800점 이상은 가능합니다.

MEMO

5

토익 LC 공부법

Part 1

1. Preview

Part 1은 총 여섯 문제가 출제되는 영역으로 토익의 시작입니다. 토익의 영역 순서와 난이도는 관련이 없다고 하지만, Part 1은 토익에서 가장 쉬운 단계입니다. 토익 공부를 한 번이라도 해 본 분들이라면 거의 틀리지 않는 파트입니다. 다만 시험장에서 주의를 기울이지 않으면 한두 개 실수가 나오기도 합니다.

저도 공부 초반에 모의고사를 풀면 꼭 한두 개씩 틀렸던, 의외의 실수가 생기는 영역입니다. Part 1은 문제를 틀려도 대부분 단순 실수로 여겨 따로 열심히 공부하지 않는 경향이 있습니다. 이 또한 Part 1의 약점입니다. 사소한 실수들이 모여 토익 점수를 떨어뜨립니다. 틀린 문제가 있다면 사소해 보여도 이유를 확인해야 합니다. 정확히 원인을 파악하고 보완해야만 토익 점수를 높일 수 있습니다.

Part 1을 다 맞히기 위해 많은 공부가 필요하지는 않습니다. 제가 알려 드리는 사항들만 정리해서 문제를 푼다면 크게 실수할 일은 없습니다. 지금부터 Part 1을 전부 맞힐 수 있는 특별한 방법을 소개하겠습니다.

2. 유형 분석

먼저 Part 1의 전체적인 문제 유형을 알아보겠습니다. Part 1은 문제 순서와 난이도가 아무런 관계없이 무작위로 출제되고 있습니다. 첫 번째 문제가 가장 어려울 수도 있고, 마지막 문제 수준이 높을 수도 있습니다. 어떤 순서로 출제될지 모르니 반드시 처음부터 끝까지 집중해 문제를 풀어야 합니다.

Part 1은 하나의 사진을 영어로 묘사한 뒤 보기 중 가장 어울리는 문장을 고르는 문제입니다. 보기는 총 4개로 그중 3개는 틀린 내용이고 하나만이 올바른 설명입니다. 정답을 찾으려 하지 말고, 오답을 골라내야 합니다. 경험상 '오답 소거법'으로 문제를 풀어야 효과적입니다. Part 1은 비교적 쉬운 영역인 만큼 지문에 함정이 많습니다. 눈에 보이는 정답을 바로 선택하지 말고, 오답을 제거하는 방식으로 접근해야만 실수를 줄일 수 있습니다.

Part 1은 두 개의 유형: 인물 사진 or 사물/배경 사진

Part 1은 크게 두 가지 유형으로 문제를 나눌 수 있습니다. 인물 사진 (66%)과 사물/배경 사진(34%)입니다. 인물 사진에는 등장하는 사람의 행동, 옷차림, 상태 등을 묻고, 사물 사진에는 사물의 위치, 배경의 느낌 등을 질문합니다. 이 두 개의 유형은 난이도에서 큰 차이는 없지만, 굳이 따진다면 인물 사진에서 조금 더 까다로운 문제가 출제됩니다.

앞에서도 말했듯 Part 1은 문제 난이도가 전체 토익 시험 중 가장 낮습니다. 수능과 비교해도 듣기 영역 1, 2번 문제보다 더 쉬운 수준입니다. 만약 여러분이 연습을 통해 익숙해진다면 Part 1은 빠르게 풀고 남는 시간에 Part 5의 문제를 푸시기 바랍니다.

이는 전체 문제 풀이 시간을 줄이는 데 큰 도움이 됩니다. 저는 공부량이 쌓이고 연습을 충분히 한 뒤부터는 LC 파트를 푸는 동안 Part 5의 문제는 모두 풀어 두었습니다.

3. 함정 피하기

Part 1은 비교적 쉽다 보니 대부분 수험생이 문제를 대충 푸는 경향이 있습니다. 토익 시험 출제자는 이런 Part 1의 특성을 고려해 중간중간 빠지기 쉬운 함정을 준비합니다. 급하게 지문을 읽으면 틀릴 수 있으니 꼭 집중하고 문제를 풀어야 합니다.

문제가 어렵지는 않습니다. 제가 말씀드리는 내용만 주의 깊게 본다면 몇 가지 함정은 쉽게 피해 갈 수 있습니다. 지금부터는 대표적인 함정 문제와 풀이법을 말씀드리겠습니다.

1) 시제에 주의하라

처음 토익을 공부할 때 가장 많이 틀리는 유형이 바로 '시제' 문제입니다. 저 또한 처음 공부할 때는 시제 구분하는 문제를 빈번하게 틀렸습니다. 시제는 문법 문제라고 생각할 수도 있지만, 꼭 그렇지는 않습니다. 표현 방법에 따라 달라지는 사소한 느낌 차이를 정확히 알지 못해 틀리기도 합니다. 이는 우리가 영어권 국가에 살지 않기 때문에 발생한다고 볼 수 있습니다.

대표적인 예가 바로 '지금 하는 것'과 '이미 한 것'의 차이입니다. 한글로 보면 쉽게 차이를 느낄 수 있지만, 영어 표현으로 구분하기란 쉽지 않습니다. 게다가 우리가 지금까지 공부해 왔던 수능 영어는 세세한 시제 차이를 신경 쓰지 않았기 때문에 이런 유형의 문제에서 많은 실수가 발생합니다.

저도 처음 이런 문제를 보았을 때 당황스러웠습니다. 토익에는 이처럼 세밀한 영어 표현을 묻는 문제가 빈번하게 나옵니다. 그러니 토익 시험에서는 시제를 꼼꼼하게 확인해야 합니다.

'be wearing on'과 'be putting on'의 차이

Part 1에서 자주 나오는 함정 단어를 말씀드리겠습니다. 몰랐던 내용이라면 반드시 정확한 차이를 알아 둬야 합니다. 함정 단어는 바로 'be wearing on'과 'be putting on'입니다. 이 외에도 다양한 단어가 출제되고 있지만, 특별히 두 단어를 소개하는 이유는 가장 자주 나오기 때문입니다.

한국인 대부분은 두 단어의 의미를 '옷을 입는 중이다' 정도로 알고 있을 것입니다. 혹시 여러분은 두 단어의 차이를 구분할 수 있습니까? 수능 시험에서는 별로 중요하지 않은 어휘였습니다. 저 역시 처음 두 단어의 차이를 묻는 문제를 풀었을 때 틀렸습니다.

두 단어는 어떤 차이가 있을까요? 바로 '시제'입니다. 두 단어 모두 옷을 입는 행동을 설명하는 단어입니다. 뜻은 비슷하지만, 상황에 따라 다르게 사용합니다. 먼저 'be wearing on'은 옷을 '이미' 입은 상태를 의미합니다. 만약 시험에서 이 단어가 답이 되려면 사진에 있는 사람이 무엇인가를 입고 있어야 합니다. 특히 '모자를 쓰고 있다'와 같은 방식으로 자주 등장합니다.

그에 반해 'be putting on'은 옷을 입고 있는 중을 의미합니다. 두 단어의 차이를 한마디로 정리하면 'be putting on'은 진행 중, 'be wearing on'은 완료를 의미합니다. 뜻에는 큰 차이가 없어 보이지만, 토익은 실제 생활 영어를 다루다 보니 이런 사소한 구분을 물어봅니다.

좀 더 현실적인 이야기를 하나 말씀드리겠습니다. 저는 아직 'be putting on'이 정답인 문제를 본 적이 없습니다. 쉽게 생각해 봐도 사진 묘사 문제에서 '옷을 입고 있는 중'인 사람이 잘 등장하지는 않겠죠.

지금까지 2번의 실제 토익과 수많은 모의고사를 풀면서 이 표현을 이용한 문제를 자주 봤습니다. 그만큼 자주 출제되는 단어이기 때문에 확실히 숙지하기 바랍니다.

두 단어 이외에도 '현재 진행형(하고 있는 중)'인지 아니면 '현재 완료(이미 한 것)'인지를 잘 구분해야 합니다. 'be ~ing' 표현은 시험에 자주 나오기 때문에, 잘 정리해 둬야 합니다. 간단한 팁을 드리면, 인물 사진은 현재 진행형으로 설명하는 경우가 대부분이고 사물 사진은 현재 완료, 현재형 시제로 기술됩니다.

토익은 현재형보다 현재 진행형이 더 많이 출제됩니다. 한국인에게 생소한 '진행형' 시제에 익숙해져야 토익 고득점이 가능합니다. 그럼 어떻게 '진행형' 시제를 공부하는가? 답은 간단합니다. 모의고사를 자주 풀어 보는 것입니다. 언어의 감을 익히기 위해서는 영어로 자주 말하고 들어야겠지만, 토익 시험에 대비하는 방법으로는 적합하지 않습니다. 단기간에 토익 고득점을 원한다면 모의고사를 푸는 데 전력을 쏟아야 합니다.

2) 주관적 해석을 경계하라

Part 1을 풀 때 또 하나 경계할 점은 바로 주관적인 해석입니다. 앞에도 말씀드렸듯이 Part 1은 가장 쉬운 부분이다 보니 시간을 아끼기 위해 대충 듣고 자기 생각대로 해석해 문제를 풀기도 합니다. 굉장히 위험한 방법입니다. 토익 시험은 사람들의 이런 성향을 알고 그에 맞는 함정을 파 놓고 있습니다.

예를 하나 들어 보겠습니다. 문제에 다음과 같은 문장이 나왔습니다.

"They are walking near some trees."

무심코 문장 앞의 'They are walking'만 듣고 답을 고를 수 있는데, 이때가 함정에 빠지는 순간입니다. 정답은 'near some trees'와 관련이 있을 수 있습니다. 이러한 실수는 생각보다 더 자주 발생합니다.

모의고사를 풀 때 Part 1, 2에서 하나라도 틀렸다면 시험장에서 Part 1, 2에 더욱 집중해야 합니다. 다른 영역 문제를 풀지 말고 Part 1, 2의 지문에 정성을 더 쏟으세요. 쉬운 문제에서 만점을 얻어야 고득점 받기가 쉽습니다. Part 1에서 더 이상 실수가 없는 경지에 왔을 때 Part 5의 문제를 미리 풀 것을 추천합니다.

주관적인 해석으로 인한 실수는 Part 1뿐만 아니라 토익 시험 전체에서 자주 발생하니 항상 주의해서 문제를 읽어야 합니다. 앞으로 계속 말씀드리겠지만, 학창 시절 흔히 듣던 말처럼 모든 답은 문제에 있습니다. 특히 토익은 추론 능력을 묻지 않습니다. 언제나 제시된 지문에 의지해서만 답을 찾으면 됩니다.

지금까지 사소한 함정을 말씀드렸지만, Part 1은 굉장히 쉬운 파트입니다. 여러분은 제가 말씀드린 정도만 잘 숙지한 후 모의고사를 통해 연습한다면 Part 1에서 어려움은 없을 것입니다.

4. 실전 Tip

* Part 1 빈출 단어

adjust, apron, assemble, be lined up, beverage, board, bush, canal, construction site, crate, iron, light bulb, load, luggage, mow, overhead bin, overlook, patio, pile up, platform, put on, railing, shovel, sidewalk, skyscraper, souvenir, stack, stand by, stow away, suitcase, tow, walkway, warehouse, wipe off, with one's legs crossed, work out

* 행동 묘사 단어

forward, iron, leaning on, looking for, putting on, reaching out, wearing on

* 위치 묘사 단어

against the wall, aisle, beam, border, extend from, hallway, light, parcel, patio, pier, row, stack, stream, streetlight, unattended

* 문제 풀이 기술

문제를 풀 때 자신만의 표현법을 만들어 두면 좋습니다. 저는 실수를 줄이기 위해 Part 1을 풀 때 '오답 소거법'을 사용합니다. 정답을 먼저 찾기보다는 절대로 답이 될 수 없는 보기를 골라내는 풀이법입니다. 문제를 풀 때 확실한 오답에는 '/' 표시를 하고, 애매하다면 '_', 확실한 정답에는 'O' 표시를 합니다. 이처럼 문제에 기록해 두면 실수 없이 풀 수 있습니다.

> *** Part 1에서 꼭 기억할 것**
>
> 1) 단어의 시제를 확인하라!
>
> 2) 주관적인 생각은 배제하라!
>
> 3) 아무리 쉬운 파트라도 방심은 금물!

Part 2

1. Preview

Part 2는 총 25개의 문제가 출제됩니다. 대부분 LC에서 가장 어려운 부분은 Part 3, 4라고 얘기하고, 상대적으로 Part 1과 2는 쉽게 여깁니다. 그러나 제 생각은 조금 다릅니다. 토익 공부를 처음 시작하는 사람에게는 Part 2가 첫 난관일 수 있습니다. 제가 그랬으니까요.

하나 더 미리 안내할 사항이 있습니다. Part 3과 4는 분명 어렵긴 하지만, 공부하는 만큼 확실히 성적이 올라갑니다. 다른 영역에 비해 오히려 점수는 쉽게 상승합니다. 반면에 Part 2는 웬만큼 공부해도 실수가 나올 수 있는 영역입니다.

Part 2의 문제를 처음 들어 보면 정말 깜짝 놀랄 것입니다. 말하는 속도가 너무 빠르고 한 문제당 시간도 짧기 때문입니다. 학창 시절에 경험했던 듣기평가는 어느 정도 대화가 나온 후 내용을 분석하며 푸는 형식이었습니다. 반면에 Part 2는 짧은 대화를 빠르게 듣고 다음에 나올 적절한 대사를 고르는 유형입니다. 단순한 형태지만, 정답 찾기가 만만치 않습니다.

수능 공부만 해 봤던 저에게 Part 2는 난생처음 접하는 어려운 듣기 시험이었습니다. 생소한 유형이다 보니 Part 2에서 계속 실수가 나왔습니다. 게다가 어떻게 공부해야 할지 감도 잡히지 않아 꽤 오랜 시간 고생했던 파트입니다.

아마 여러분 중에도 저처럼 Part 2에 쉽게 적응하지 못하는 분이 있을 것입니다. 조금만 정신이 산만해져도 2, 3문제는 쉽게 지나가는 파트이니 끝까지 긴장을 놓치지 않아야 합니다.

2. 유형 분석

Part 2의 문제는 쉽게 말해 '다음 대사 맞추기' 정도로 정의할 수 있습니다. 5~7초가량의 대사를 들려준 뒤 3개의 보기가 제시됩니다. 3개 중 하나를 고르는 문제입니다. 언뜻 보기에는 쉬운 파트처럼 보이지만, 처음 문제를 접하면 대부분 크게 당황합니다. 문제의 속도가 너무 빨라 잘 들리지 않으니까요.

그럼 Part 2는 어떻게 준비하면 좋을까요? 안타까운 소식을 먼저 전하자면 Part 2는 연습을 많이 해야만 성적을 올릴 수 있습니다. 특별한 지름길이 없습니다. 충분히 연습해서 적응해야 좋은 점수가 나옵니다. 다만 제 경험상 소개할 만한 몇 가지 풀이법을 말씀드리겠습니다.

Part 2는 크게 2가지 유형으로 나눌 수 있습니다. 'wh-의문사 유형(45%)'과 '그 이외의 유형(55%)'입니다. 여기서 wh-의문사란 what, when, where 등 육하원칙을 물어보는 표현입니다. 문제 난이도를 비교하자면 '그 이외의 유형'이 더 어렵습니다. 그러나 제가 말씀드리는 방법으로 접근한다면 두 유형 모두 어렵지 않게 풀 수 있습니다.

처음 제가 Part 2를 풀 때는 대사 전부를 적기 위해 노력했습니다. 다른 방법이 보이지 않았으니까요. 하지만 이 방식은 너무 많은 시간이 소모됐습니다. 한 번에 다 적을 수도 없어 문제 풀이에 별 도움이 되지 못했습니다. 다음에 시도했던 방법은 대사를 정리하는 것이었는데, 이 또한 효과적이지 않았습니다. 다양한 방법으로 계속해서 시행착오를 겪던 중 한 가지 사실을 발견했습니다.

많은 문제를 접하다 보니 첫 번째 단어만 들으면 풀리는 문제가 보였습니다. 그 후로 대사의 첫 번째 단어만을 기록해 정답을 찾으니 문제 풀이 시간도 줄고 오답도 줄었습니다.

이 방법은 말 그대로 대사의 첫 단어만을 적는 방법입니다. 너무 단순해 보이지만, 실제로 써 보면 얼마나 강력한 방법인지 알게 될 것입니다. **특히 'wh-의문사 유형'은 오로지 첫 번째 단어만을 이용해도 풀 수 있습니다.**

예를 들어 문제 대사가 'when'으로 시작하면 3개의 보기 중 시간과 관련된 문항이 바로 정답입니다. 뒤에 어떠한 단어가 나오더라도 의문사의 종류에 따라 거의 답이 결정됩니다. 이처럼 'wh-의문사' 문제는 아주 쉽게 해결할 수 있게 됩니다. 의문사의 종류와 어울리는 보기를 고르기만 하면 대부분 정답입니다.

문제는 '그 이외의 유형'입니다. 이 경우는 첫 단어만으로 정답을 고를 수가 없습니다. 첫 단어를 적고 끝까지 문제를 들어야만 합니다. 이를 위해서는 어느 정도 연습이 필요합니다. 다만 다음에 설명하는 몇 가지 함정에 주의해서 공부하면 더 효과적일 것입니다.

3. 함정 피하기

1) 나오면 100% 오답: 비슷한 음의 단어(ex: launch/lunch)

지금부터 보여 드리는 표현은 오답이라 생각하면 됩니다. 토익은 정형화된 시험이기 때문에 유사한 문제가 계속 출제되고, 등장하는 함정도 반복되는 경향이 있습니다. Part 2에 나오는 대표적인 표현들을 알아보겠습니다.

100% 확률의 오답은 보기에서 첫 번째 대사와 비슷한 음의 단어가 나오는 경우입니다. 예를 들어 문제에 'launch'라는 단어가 나왔는데 보

기에 'lunch'라는 단어가 있는 경우입니다. 이렇게 음이 비슷한 단어가 나온다면 해당 보기는 절대 답이 아닙니다. 수많은 모의고사 문제를 풀었지만, 비슷한 음이 나온 보기가 정답인 경우는 단 한 번도 없었습니다. 그러니 문제와 보기에 비슷한 음의 단어가 나오면 오답으로 생각하고 다른 보기에서 답을 골라야 합니다.

2) 나오면 80% 오답: 문제에 나왔던 단어

두 번째는 문제와 같은 단어가 나오는 경우입니다. 비슷한 음의 단어가 나오는 경우만큼 100% 오답은 아니지만, 꽤 높은 확률로 오답입니다. 제대로 해석하지 못해 답을 고르기 힘든 상황에서 지문에 나온 단어와 똑같은 단어가 보기에 있으면 손이 가게 마련입니다. 출제자가 만든 함정에 빠지는 순간이죠. 문제에 등장한 단어는 일단 제외하고 답을 선택해야 합니다.

3) 나오면 70% 오답: 문제의 단어를 연상시키는 단어

세 번째 함정이 오답일 확률을 생각해 보면 대략 70% 정도 되는 것 같습니다. 세 번째 함정은 문제에 나온 단어와 속성상 연결할 수 있는 어휘가 보기에 있는 경우입니다. 예를 들어 문제에 'garden'이 나오고 보기 중에는 'flower'가 나옵니다. 이런 경우 같은 범주의 단어라고 해서 선택하면 오답의 함정에 빠집니다. 이럴 때 문제는 'garden'과 전혀 상관없는 경우가 많습니다. 당연히 'flower'는 답이 될 수 없겠죠.

이처럼 비슷한 유형의 단어를 이용한 함정도 자주 등장하므로 주의해야 합니다. 문제와 보기가 직접적인 관련이 있으면 대부분 오답이기 때문에 일단 제외하고 정답을 찾아야 합니다.

4) 나오면 80% 정답: 대답 회피 대사

마지막으로 보기에 나오면 거의 정답인 경우를 알아보겠습니다. 가장 대표적인 예는 최근 토익 시험에서 자주 사용되고 있는 '대답 회피 대사'입니다.

예를 들어 '그 일은 제 책임이 아닌데요?', '다른 사람이 할 일입니다'와 같이 회피하는 내용의 대답을 하는 보기입니다. 제 경험상 이런 유형의 대답은 80% 이상의 확률로 정답이었습니다.

Part 2는 다양한 유형으로 출제되고, 아주 빠른 대사와 짧은 시간 안에 풀어야 하는 문제들로 구성되어 있어 많은 집중력을 요구하는 파트입니다. 사람에 따라서는 토익 LC 파트 중 가장 힘든 영역이라 생각합니다. Part 2를 풀 때는 마음을 굳게 먹고 끝까지 집중하는 자세가 중요합니다. 주의력을 잃지 않으면 고득점도 가능한 파트입니다.

물론 집중력을 유지하기가 쉬운 일은 아닙니다. 따로 무엇을 훈련해야 할지도 모르고요. 결국 모의고사를 통해 연습하는 방법이 최선입니다. 공부가 쌓여 문제 풀이 방식에 익숙해진다면 Part 2 또한 자신 있게 풀 수 있을 것입니다.

지금까지 제가 말씀드린 방법을 그대로 이용할 필요는 없습니다. 필요한 부분만 뽑아서 여러분에게 가장 잘 맞는 방법을 사용하면 됩니다. 공부에서 가장 중요한 과정은 자신만의 방법을 찾는 데 있다고 생각합니다. 장단점을 잘 파악해 자신만의 문제 풀이법을 찾아 나가기 바랍니다.

또한 실제 시험에서 문제를 풀 때는 앞의 한 문제를 놓쳐도 절대 아쉬워하면 안 됩니다. 지나간 문제는 생각하지 말아야 합니다. 미련이 남아 있으면 다른 문제마저 눈에 들어오지 않습니다. 순식간에 몇 문제를 놓치다 보면 더욱 자신감이 떨어지게 됩니다. 차라리 '까짓것 한 문제 틀릴 수도 있지'라는 마음으로 답을 찍고 잊어버려야 합니다. '다음 문제부터 다 맞으면 되지'라는 자신감을 가지고 다시 집중하여 문제를 풀기 바랍니다.

4. 실전 Tip

* Part 2 빈출 단어

absent, accounting firm, annual banquet, apply for, break down, budget proposal, caterer, day off, department, drawer, due, enrollment fee, faculty, firm, founder, hallway, hardly, in person, issue, itinerary, label, layout, leak, loan, move to, off-limits, on one's way to, outline, reputable, spectacular, spot, staircase, stationery, thermostat

* 문제 풀이 기술: 첫 단어 적기

Part 2의 문제를 풀 때는 반드시 첫 번째 단어를 적어야 합니다. 첫 번째 단어를 적어 문제의 질문 요지를 정확히 확인한 후 Part 1과 마찬가지로 오답 소거법을 이용해 풀면 됩니다.

> *** Part 2에서 꼭 기억할 것**
>
> 1) 문제의 첫 단어는 반드시 확인하라!
> 2) 보기에 문제와 비슷한 음의 단어가 나온다면 100% 오답!
> 3) 보기에 문제와 같은 단어가 나온다면 80% 오답!
> 4) 보기에 문제와 비슷한 유형의 단어가 나온다면 70% 오답!
> 5) 대답을 회피하는 보기는 80% 정답!
> 6) 답이 쉽게 보이면 반드시 의심하라!

Part 3

1. Preview

Part 3은 LC에서 가장 어렵다고 평가받는 파트 중 하나입니다. 짧은 대화문을 듣고 이에 관한 문제를 풀어야 합니다.

Part 3과 4의 경우, 시작하기도 전에 많은 문제 수와 긴 지문 때문에 막연히 두려워하기 쉽습니다. 하지만 공부를 시작하고 실제 Part 3과 4를 풀어 보면 생각이 달라집니다. 수능을 공부했던 학생들에게는 익숙한 문제 형태이기 때문입니다.

여러분 중 토익이 처음인 분이라면 마인드를 바꿨으면 합니다. Part 3은 어려운 내용이 아닙니다. 조금만 연습하고 익숙해지면 충분히 풀 수 있습니다. 시간이 지날수록 안정적인 점수가 나오는 영역이 Part 3입니다. 오히려 Part 2에서 더 많은 실수가 나온다고 생각합니다.

현재 한국의 영어 교육은 대부분 독해와 문법에 치중하고 있습니다. 듣기평가가 수능에 있지만, 낮은 수준으로 출제되고 있습니다. 그래서 수험생 대부분이 토익 RC는 성적을 괜찮게 받지만, LC는 점수가 잘 나오지 않습니다.

<mark>토익은 우리가 기존에 해 왔던 듣기 공부보다는 문제 수준이 꽤 높습니다. 그러나 이는 우리가 그동안 듣기에서 너무 낮은 수준의 공부를 해 왔기 때문입니다.</mark> 실제로는 어려운 내용이 아닌데, 그리 느낀다고 할까요. 우리의 독해 능력과 비교해 봐도 토익의 듣기 능력은 한참 낮은 수준입니다. 출제 지문도 실생활을 다루고 있어 이해하기 쉬우나, 그동안 접해 보지 않아 낯설 뿐입니다.

우리가 지금까지 공부해 온 영어 지문은 대부분 신문 사설이나 논문 같은 학술 자료입니다. 이러한 지문은 상당히 높은 수준의 단어와 내용으로 이뤄져 있습니다. 한글로 쓰여 있어도 이해하기 어려운 글을 영어로 읽고 해석해 왔던 것이죠. 이에 반해 토익 지문은 실생활과 관련된 내용이라 조금 익숙해지고 나면 편하게 듣고 읽을 수 있습니다.

처음 토익을 공부할 때 LC Part 3, 4에서 어려움을 겪어도 너무 걱정할 필요가 없습니다. 기본적으로 지문의 내용 자체가 어렵지 않기 때문에 약간의 연습과 유형별 풀이 방법만 알고 공부한다면 아주 쉽게 점수를 높일 수 있습니다.

특히 토익은 정형화된 틀에서 벗어나지 않는 시험이니 약간의 팁을 익히고 시험을 친다면 쉽게 고득점을 노릴 수 있습니다. 그럼 지금부터 가장 빠르고 안정적으로 토익 성적을 올리는 방법을 말씀드리겠습니다.

2. 유형 분석

Part 3은 13개 지문에 각 3문제씩 총 39문제가 출제됩니다. 이 중 62번부터 70번까지 문제는 그림이 하나씩 포함된 형태로 3개의 지문이 나옵니다. 이는 토익 출제 유형이 바뀌면서 새롭게 추가된 문제 형태입니다. 총 3개의 문제 중 두 문제는 기존의 문제들과 같고, 한 문제만 주어진 그림과 연관이 있습니다. 난이도가 다른 문제들과 큰 차이가 없으므로 걱정할 필요는 없습니다.

이것 외에도 새롭게 생긴 유형으로 '3인 이상의 대화' 형태가 있지만, 다른 문제들과 난이도 차이가 없기에 크게 신경 쓸 필요는 없습니다.

Part 3의 문제를 풀 때 가장 중요하게 알아 두어야 할 사실이 있습니다. 문제와 지문의 순서가 같다는 점입니다. 즉, 각 지문에 있는 3개의 문제와 지문의 순서가 일치합니다. 지문 앞부분에 나오는 내용에 첫 번째 문제의 답이 있고, 마지막 문제는 대화의 뒷부분에 답이 있습니다. 간혹 예외가 있지만, 대부분 이 순서를 따르고 있습니다.

당연한 소리라고 생각할 수도 있지만, 의외로 많은 분이 이러한 규칙을 생각하지 않고 문제를 풉니다. Part 3은 전체 내용을 다 들은 후에 풀려고 하면 곤란합니다. 대화 순서에 따라 문제를 하나씩 풀어 나가야 합니다. 지문 내용이 어렵지는 않지만, 대화가 길어지면 전체를 다 듣고 문제를 풀기 어렵습니다. 지문을 듣는 동안 해당 문제를 풀어야 실수를 줄일 수 있습니다.

지문을 듣기 전 반드시 질문부터 파악하라!

지문을 듣기 전 반드시 첫 번째 문제의 질문과 답을 미리 파악해야 합니다. 만약 확인하지 않고 들으면 첫 번째 문제부터 실수가 생깁니다. 특히 Part 3의 첫 번째 문제는 대화 첫 문장에 답이 있는 경우가 매우 많습니다. 대화가 빠르게 지나가기 때문에 미리 준비하지 못하면 초반 문장을 놓쳐 첫 문제를 풀 수 없게 됩니다.

지문을 듣기 전 3문제 모두 파악해 둘 필요는 없습니다. Part 2도 그랬듯 토익 시험의 LC는 항상 첫 단어, 첫 문장에 집중하면 됩니다. 다른 문제들까지 미리 읽어도 기억이 안 날 수 있으므로 지문을 듣기 전에는 첫 문제 정도만 미리 정리해 두면 됩니다.

Part 3은 그 악명에 비해 지나치게 어렵지는 않습니다. 첫 문장에서 직접적인 힌트를 주는 경우가 많아 처음부터 집중해 듣는다면 첫 문제는 아주 쉽게 풀 수 있습니다. 첫 번째 문제를 맞히고 나면 마음을 편하게 가져도 됩니다. 이어지는 두 번째, 세 번째 문제들은 대화 순서에 따라 답이 있기 때문입니다. 대화를 들으며 순서대로 문제를 풀어 나가기만 하면 됩니다.

물론 어느 정도 기본적인 영어 듣기 실력이 있어야 합니다. 제가 말하는 영어 듣기 실력이란 영화를 자막 없이 보거나 영어 뉴스가 쉽게 들리는 수준이 아닙니다. 학창 시절 풀었던 영어 듣기평가에 큰 어려움을 느끼지 않을 정도입니다. 그 정도만 된다면 토익 시험에서 듣기 실력이 문제가 되지는 않습니다.

만약 Part 3의 대화가 잘 해석되지 않는다면 많은 문제를 풀어 봐도 별로 도움이 되지 않습니다. 처음에는 문제를 많이 풀기보다는 지문을 자주 들어 듣기 자체에 익숙해지는 연습이 필요합니다. 토익 듣기는 사실 단어나 지문 내용이 까다롭지는 않습니다. 듣기가 잘되지 않는다면 듣기 능력이 부족해서가 아니라 토익 시험에 익숙하지 않기 때문입니다. Part 3의 대화를 자주 들어 어느 정도 적응한 후에 실전 문제로 연습하면 됩니다.

마지막으로 토익 LC에서 중요한 것은 긴장하지 않기입니다. 많은 분이 집에서는 문제를 잘 푸는데, 실제 시험장에서는 실수를 종종 합니다. 낯선 환경에서 실제 시험을 치면 불편할 수 있습니다. 이를 극복하기 위한 최고의 방법은 충분한 연습입니다.

또 하나, 실전 모의고사 문제 수준은 토익 시험과 거의 유사합니다. 게다가 YBM 실전 모의고사는 LC 파트에서 실제 시험과 같은 성우가 지문을 들려줍니다. 동일 목소리로 출제되는 모의고사를 많이 풀어 보면 실전에 적응하기 쉽습니다. 다양한 지문으로 풍부한 연습을 해 두면 어떤 상황에서도 자기 실력을 발휘할 수 있을 것입니다.

3. 함정 피하기

안타깝지만 Part 3은 Part 1, 2와 달리 여러분께 드릴 수 있는 팁이 많지 않습니다. 그렇다고 걱정할 필요는 없습니다. 특별한 팁은 없지만, 특별히 어렵지도 않기 때문입니다. Part 3은 우리가 지금까지 공부해 왔던 수능 영어와 가장 비슷한 유형이니 조금만 익숙해지면 어렵지 않게 풀 수 있습니다.

다른 파트처럼 직접적인 팁을 많이 드릴 수는 없지만, 지금부터 실수를 줄일 수 있는 요령과 반드시 주의 깊게 들어야 하는 내용(단어)을 말씀드리겠습니다.

1) 들으면서 문제를 풀어라

Part 3은 지문을 눈으로 읽는다면 전혀 어려운 문제가 아닙니다. 다만 지문을 귀로 듣고 문제를 풀기 때문에 실수가 생깁니다. 모의고사를 보면 쉽게 풀었다고 생각했는데, 결과는 오답인 경우가 많습니다. 지금부터는 이러한 실수를 최대한 줄이는 방법을 말씀드리고자 합니다.

Part 3은 내용을 잘 듣기만 하면 실수가 생기지 않는 파트입니다. 문제는 듣기가 만만치 않다는 데 있습니다. 긴 지문과 빠른 속도 때문에 듣기가 쉽지 않은데요.

Part 3에서 틀리는 이유는 어려운 내용 탓이 아니라 듣지 못했기 때문입니다. 그럼 어떻게 하면 잘 들을 수 있을까요? 단기간에 배울 수 있는 특별한 방법이 있을까요? 저는 현실적인 대안을 말씀드리고 싶습니다. 바로 문제 풀이법을 바꿔야 합니다.

문제 풀이법은 크게 2가지로 나눌 수 있습니다. 첫 번째는 지문을 다 듣고 나중에 전체 문제를 푸는 방법, 두 번째는 들으면서 푸는 방법입니다. 둘 중 잘못된 풀이법은 없습니다. 다만 전자의 경우 지문이 길어지면 다 듣고 난 후에 내용이 잘 기억나지 않습니다. 따라서 대부분은 지문을 들으면서 바로바로 문제를 푸는 방법이 유리합니다.

특히 토익 LC는 모든 문제가 대화 순서대로 출제되기 때문에 들으면서 한 문제씩 푸는 것이 실수를 줄이는 가장 효과적인 방법입니다. 이런 문제 풀이 방식에 적응하면 나중에는 지문의 어느 지점에서 어떤 문제가 나올지 감이 옵니다. 토익은 그만큼 정형화된 시험입니다.

실수가 발생하는 또 다른 이유는 문제를 빨리 파악하지 못하기 때문입니다. Part 3은 항상 같은 유형으로 출제됩니다. 그러므로 문제를 볼 때 해석에만 골몰해서는 안 됩니다. 중요 단어만 체크하여 빠르게 문제를 분석하고 어떠한 유형인지 파악해야 합니다.

2) 의문사로 문제 유형을 파악하라

Part 3의 문제 유형은 크게 3가지입니다.

"말하는 사람이 누구인가?"

"대화의 주제가 무엇인가?"

"대화하고 나서 무엇을 하기로 했는가?"

문제의 유형이 무엇인지 파악하기 위해서는 의문사를 먼저 확인해야 합니다. 'Who, What, Why' 등 의문사에 표시하고 대화를 들으면 핵심을 더 쉽게 이해할 수 있습니다.

문제 내용을 이해했다면 다음에는 보기의 내용을 요약해 두어야 합니다. 이때 요령은 동사와 명사만 표시하는 것입니다. 이렇게 하면 문제를 풀 때 훨씬 쉽게 답을 고를 수 있습니다. 표시해 둔 부분만 보고 문제를 풀면 되기에 시간도 절약할 수 있습니다.

이 방법이 토익 시험에만 국한되지는 않습니다. 다른 많은 시험에도 적용할 수 있습니다. 자기만의 표시법을 만들어 다양한 시험에 활용한다면 실수를 줄이고 문제를 빠르게 풀 수 있습니다.

또 한 가지, Part 3은 대체로 비슷한 내용이 문제에 나옵니다. 인물, 상황 등 세세한 부분은 문제마다 다르지만, 회사 업무와 관련된 주제라는 틀에서 크게 벗어나지 않습니다. 계속해서 문제를 풀수록 비슷한 유형이 반복된다는 사실을 알게 될 것입니다. 그리고 여러분이 문제 유형에 익숙해지면 익숙해질수록 토익 성적 또한 급상승하게 됩니다.

3) 문제의 주인공을 확인하라

마지막으로 Part 3에서 주의해야 할 사항은 '주체'입니다. 쉽게 말해 문제에서 묻고 있는 사람이 누구인지 정확히 파악해야 합니다. 너무 당연한 이야기지만, 실제 문제를 풀다 보면 주체를 잘못 파악해 틀리는 경우가 종종 발생합니다.

실수를 막기 위해 지문에 나오는 이름을 정확히 듣고 대화하는 사람들의 성별을 잘 파악해야 합니다. 누가 말하고 있고, 누구와 관련된 이야기인지 주의를 기울여야 합니다.

문제의 답을 바로 찾기 위해 대화를 들을 때 반드시 집중해서 들어야 하는 단어가 있습니다. 대표적으로 사람 이름, 상품 또는 회사 상표 등입니다. 한마디로 '고유 명사'입니다. 그 외에도 날짜, 시간, 수량 등 숫자에 관련된 단어도 기록하세요. 또한 '이후에 할 일' 등 미래에 하기로 한 행동, 혹은 과거에 했던 행동들도 문제로 등장합니다.

방금 언급한 단어들은 Part 3뿐만 아니라 Part 4와 Part 7에도 똑같이 중요합니다. 특히 토익의 꽃이라 불리는 RC의 Part 7에서 특히 주의해야 합니다. 뒤에서 다시 설명하겠지만, 토익은 출제의 포인트가 수능과 매우 다르기 때문입니다. 그래서 수능 고득점자라 할지라도 토익은 반드시 별도로 준비해야 합니다.

Part 3은 단순히 문제 풀이 기술로만 해결할 수 있는 영역이 아닙니다. 어느 정도 공부량이 필요합니다. 그렇다고 엄청나게 많은 공부를 요구하지는 않습니다. Part 3의 지문을 자주 들어 대화문에 익숙해지면 됩니다.

토익은 항상 비슷한 수준으로 시험이 출제됩니다. 시험 성격상 큰 편차를 둘 수 없습니다. 그래서 토익은 항상 비슷한 유형의 지문과 문제가 반복됩니다. 그러므로 조금만 연습해서 토익에 익숙해진다면 여러분 또한 LC 만점, 토익 고득점을 쉽게 받을 수 있습니다.

4) 실전 Tip

* Part 3 빈출 단어

ahead of time, alternative, assistance, awareness, be sold out, behind schedule, break down, budget, business day, catch up, check out, checkup, come up with, compact, complaint, conference room, cover for, demonstrate, deserve, electricity bills, engagement, expire, feature, ferry, handout, import, in a minute, in person, in the meantime, invoice, knock off, look forward to, look over, look up, lot, make up, monthly rate, out of date, potential, procedure, questionnaire, reasonable, resume, retail price, stop by, temporary worker, unavailable, up front, vaccinate, waive, weigh in

* Part 3에서 꼭 기억할 것

1) 문제는 반드시 순서대로 풀어라!
2) 첫 문제는 대화가 나오기 전 미리 확인하라!
3) 문제와 보기의 핵심 정보를 기록하라!
4) 문제의 주인공이 누구인지 반드시 확인하라!

Part 4

1. Preview

Part 4는 10개 지문에 총 30문항으로 구성되어 있습니다. 문제 유형은 Part 3과 같은 형태입니다. 들려주는 지문을 듣고 정답을 찾는 방식입니다. 따라서 Part 4 역시 Part 3의 문제 풀이법과 같은 방법으로 접근하면 됩니다.

두 파트가 비슷한 듣기평가이지만, Part 4와 Part 3이 따로 되어 있는 이유가 있습니다. 지금부터 Part 4만이 가지는 특징을 알아보겠습니다.

2. 유형 분석

Part 4와 Part 3의 첫 번째 차이점은 지문의 형태입니다. Part 3은 여러 명이 서로 대화하는 형태이고, Part 4는 한 사람이 하나의 주제로 이야기하는 형식입니다. 예를 들어 안내 멘트, 라디오 방송, 전화 남김 메시지 등입니다.

이 유형은 수능 시험의 듣기평가와 다른 형태이기에 처음에는 조금 생소한 느낌이 들 수 있습니다. 그러나 실제로 공부해 보면 지문이 대화가 아니라는 점이 문제 풀이에 더 유리하다고 느낄 수 있습니다.

지문이 대화로 이루어진 Part 3은 두 사람이 말하다가 내용이 갑자기 변화할 수 있기 때문에 끝까지 긴장을 늦추지 말고 들어야 합니다. 변수가 있는 셈이죠. 이에 반해 Part 4는 지문 특성상 처음 내용이 마지막까지 그대로 이어집니다. 즉, 초반 지문 내용을 정확히 들었다면 전체를 이해하는 데 큰 어려움이 없습니다. 문제에서 묻는 바를 잘 파악해 답을 찾으면 됩니다.

두 번째 차이점은 문제에서 묻고자 하는 포인트입니다. 지문에서 중요하게 여기는 정보가 다르다고 할까요. Part 3은 대부분 각 인물의 이야기를 바탕으로 문제를 구성합니다. 따라서 정답은 대부분 지문 속에 있습니다. 이와 달리 Part 4는 약간의 생각을 더 요구합니다. 지문이 그대로 답이 되지 않고, 그 내용을 통해 알 수 있는 사실이 답인 문제가 출제되기도 합니다.

Part 3과 다른 측면이 있지만, 쉽게 해결할 방법이 있습니다. 여러분도 공부해 보면 항상 비슷한 유형의 함정이 출제된다는 사실을 발견할 것입니다. 특히 숫자, 시간, 날짜, 이름, 직업 등을 이용해 출제되기 때문에 만약 지문에서 이런 내용이 나온다면 반드시 기억해야 합니다. 그것만 주의해서 문제를 푼다면 Part 4 또한 Part 3과 마찬가지로 쉽게 문제를 풀 수 있습니다.

저는 Part 4가 Part 3보다 더 쉬운 파트라고 생각하지만, 주변을 보면 Part 4의 점수가 덜 나오는 경향이 있습니다. 대화문으로 구성된 Part 3과 비교해 지문 흐름의 변수도 거의 없는데, Part 4를 더 어렵게 느낍니다. 1시간 동안 듣기를 해야 하는 상황이 중요한 원인이라고 생각합니다. 많은 분이 마지막 파트인 Part 4를 풀 때쯤에는 이미 너무나 지쳐 있습니다. 집중력이 떨어지는 것도 당연합니다.

토익 LC는 어려운 단어나 심오한 내용을 묻지 않습니다. 어려운 문법도 등장하지 않고요. 일상적인 내용을 정확히 듣는 능력을 물을 뿐입니다. 좋은 점수를 얻기 위해 단지 잘 듣기만 하면 됩니다. 그래서 집중력 유지가 관건입니다. 그럼 끝까지 집중하기 위해서는 어떤 능력이 필요할까요? 반복되는 얘기지만, 익숙해지기가 답입니다. LC 파트를 자주 들어 토익 문제가 편안하게 들려야 합니다.

Part 4는 LC 파트에서 특별히 어려운 영역이 아닙니다. 그럼에도 불구하고 많은 분이 Part 4를 어려워하고 걱정합니다. 이는 절대 문제가 어려워서가 아닙니다. 끝까지 집중력을 유지하기가 어렵기 때문입니다. 집중력은 문제 패턴에 익숙해지면 해결됩니다. LC 파트에서 Part 4가 가장 어렵다고 지레 겁먹지 말고 편안한 마음으로 도전하기 바랍니다. 익숙해진 후에는 가장 안정적인 점수를 주는 효자 파트가 될 테니까요.

3. 함정 피하기

Part 4는 크게 보면 Part 3과 같기에 앞 장에서 말씀드린 Part 3의 풀이 방법을 그대로 적용하면 됩니다. 다만 문제의 유형은 같지만, 지문의 형태가 다르기에 Part 3의 문제 풀이법에서 약간의 변형이 필요합니다.

1) 처음 내용이 그대로 이어진다

앞에서 말씀드렸듯이 Part 4는 한 사람이 하는 이야기입니다. 혼자 말하는 형식이라 여러 사람이 대화하는 Part 3보다 진행이 더 빠르게 느껴집니다. 또한 대화 형식이 아니고 혼자 일방적으로 말하는 형태라 내용의 변화가 없습니다. 처음 얘기한 내용이 끝까지 이어집니다. 이 점을 기억하고 지문을 들어야 합니다. 처음에는 너무 많은 내용이 한꺼번에 나와 어렵게 느낄 수도 있습니다. 하지만 말하기 속도에 익숙해진다면 Part 3보다 더 쉽게 답을 찾을 수 있습니다.

Part 4의 속도에 적응하면 문제를 푸는 데 별 어려움은 없습니다. Part 4는 문제와 지문의 순서가 완벽하게 일치하기 때문에 지문을 들으면서 순서대로 풀면 됩니다. 질문의 수준도 Part 3과 비교해 굉장히 단순합니다. 지문 내용을 그대로 묻기 때문에 들으면서 순서대로 답을 고르기만 하면 됩니다.

> **2) 함정이 없다는 사실이 오히려 함정**

Part 4는 어려운 영어 지문을 듣고 잘 이해할 수 있는지를 묻는 것이 아닙니다. 일상생활에서 자주 접하는 상황의 말을 잘 들을 수 있는지를 확인합니다. 특별한 함정도 거의 없습니다. 문제를 풀 때 답을 깊이 고민하면 오히려 틀릴 수가 있습니다. 지문에 있는 내용 그대로 답을 골라야 합니다.

3문제 중 2문제는 이처럼 답을 듣고 직관적으로 선택하면 됩니다. 마지막 1문제가 약간 다를 수 있지만, 크게 신경 쓸 차이는 아닙니다. 마지막 문제는 주로 제안/요청을 하는 문제입니다. 그렇다고 추론을 요구하는 수준은 아닙니다. 지문 마지막 부분에서 얘기하는 내용을 들으면 답을 찾을 수 있습니다.

Part 4의 문제는 크게 함정이 없습니다. 잘 듣기만 하면 됩니다. Part 3은 그래도 약간의 생각이 필요했지만, Part 4는 들리는 것이 전부입니다. 마지막까지 집중력만 잘 유지하세요. Part 4는 여러분 모두 충분히 다 맞힐 수 있는 영역입니다.

4. 실전 Tip

* Part 4 빈출 단어

ad, aisle, ancient, approximate value, as scheduled, as well, assign, at work, attachment, auction off, be nominated for, bid, branch, brief, bulk discount, circulation number, competitor, confident, content, current state, exotic, extension, feature, figure out, head home, hit the market, hold a banquet, identify, informed decision, insight, look at, on the way out, operation, pass out, peak, place an order for, quantity, replacement, set up, shift, show around, specify, spice, submission, take part in, task, verify, wrap up

* 문제 풀이 기술: 자신만의 정리법 만들기

문제를 풀 때는 반드시 자기만의 방법으로 정리해야 합니다. 빠른 속도로 듣기 문제가 나오기 때문에 원래 상태의 긴 문제와 보기를 가지고 정답을 찾기란 쉽지 않습니다. 따라서 문제와 보기에서 중요한 단어만 표시하여 풀기 좋게 가공해야 합니다. 문제에서 반드시 표시해야 하는 부분은 의문사, 고유 명사, 동사 등입니다. 문제 정리법에는 정답이 없습니다. 반드시 자신만의 방법을 찾아 실전에 적용하기 바랍니다.

* **Part 4에서 꼭 기억할 것**

1) 문제와 보기에서 중요한 단어만 표시하여 핵심 정보를 파악하라!

2) 의문사, 고유 명사, 동사에 특히 주의하라!

3) 모의고사를 풀며 자신만의 풀이 패턴에 익숙해져라!

4) LC 파트의 마지막 시간까지 집중력을 유지하기 위해 충분히 연습하라!

6

토익 RC 공부법

Part 5

1. Preview

    Part 5는 빈칸이 있는 단문이 제시되고, 그에 적합한 단어나 구절을 고르는 형태입니다. 총 30문항이 출제됩니다. Part 5의 공부법을 소개하기 전, 한 가지 말씀드릴 사항이 있습니다. 저는 영어를 전문적으로 배운 사람이 아닙니다. 그래서 문법 같은 영어의 기초 지식은 가르쳐 드리기가 어렵습니다.

    저는 두 번째 토익에서 LC는 495점 만점을, RC는 450점을 받았습니다. 제가 틀린 문제의 대부분이 Part 5의 문법 영역이었습니다. 즉, 완벽히 Part 5를 다 맞히는 방법을 여러분께 말씀드릴 수는 없습니다. 다만 영문법의 기초가 전혀 없어도 나름의 점수를 올려 원하는 토익 성적에 도달할 수 있도록 저만의 풀이법을 소개하고자 합니다.

많은 분이 Part 5를 단순한 문법 문제로 생각합니다. 하지만 내용을 자세히 들여다보면 Part 5는 우리가 흔히 알고 있는 형태의 문법 문제가 아닙니다. 토익은 실용적인 영어를 기반으로 출제하다 보니 실생활과 밀접한 표현이 사용됩니다. 문법 측면에서 보자면 어렵지 않은 수준입니다.

이 사실이 중요합니다. 만약 여러분 중 영문법이 전혀 안되는 분이라도 크게 걱정할 필요가 없습니다. 문법을 공부하려고 두꺼운 책을 펼치지 않아도 됩니다. 낮은 수준의 문법 문제가 출제되고, 알아야 하는 내용도 한정적입니다. 이제부터 이런 Part 5를 어떻게 공부하면 되는지 알아보겠습니다.

2. 유형 분석

Part 5는 크게 '단어'와 '문법' 2가지 유형으로 나눌 수 있습니다. 두 유형 모두 문제의 형태는 같습니다. 빈칸이 있는 하나의 짧은 문장을 주고, 알맞은 단어를 고르는 문제입니다. 모든 문제가 같은 형식이지만, 유형에 따라서 풀이법은 달라집니다. 따라서 제시된 지문을 보고 문제 유형을 단번에 구별할 수 있어야 합니다.

문제 유형을 구별하는 법은 간단합니다. 문제의 보기만 확인하면 쉽게 구별할 수 있습니다. 보기 4개가 모두 한 단어에서 파생된 형태라면

'문법' 문제입니다. 반대로 보기에 다양한 종류의 어휘가 나온다면 이는 '단어' 문제입니다. 이를 염두에 두고 문제를 풀기 전에 유형을 파악해야 합니다.

문제 유형을 파악했다면 그에 맞는 풀이법을 적용해야 합니다. 만약 문제가 문법 유형이라면 빈칸 앞뒤만 해석해서 풀면 됩니다. 문법 문제를 풀기 위해 굳이 문장 전체를 해석할 필요는 없습니다. 토익 시험은 최대한 시간을 아껴 문제를 풀어야 하니까요.

간혹 수동태와 능동태를 구별하기 위해 해석하여 문제를 푸는 분들도 있는데 바람직하지 않습니다. 전체 문장의 목적어 존재 여부로 판별해야 합니다. 즉, 문법 문제는 해석이 아니라 문장의 형태로 접근해야 합니다.

단어 문제는 해석으로 풀어야 합니다. 문장을 해석하여 빈칸에 어울리는 단어를 찾으면 됩니다. 특별한 방법이 존재하지 않지만, 이 책의 제안대로 공부했다면 아무 걱정이 없습니다. 이미 단어를 중점으로 토익 공부를 해 왔기 때문에 아주 쉽게 풀 수 있습니다.

Part 5의 문제 비율은 단어와 문법이 거의 5대 5입니다. 즉, Part 5에서 출제되는 총 30문항 중 문법 문제가 15개입니다. 여기서 질문을 하나 드리고 싶습니다.

"이 15개의 문제를 위해 문법 공부를 꼭 해야 할까요?"

여러분의 판단은 무엇입니까? 제 대답은 분명합니다. "전혀 필요 없습니다." 저는 토익을 준비하면서 문법 공부를 전혀 하지 않았기에 실제 시험에서 모르는 문제가 많았습니다. 모르는 문제는 어떻게 해결했느냐고요? 그냥 찍었습니다. 고민해도 어차피 알 수 없기에 아까운 시간을 낭비하지 않았습니다. 시간을 아껴 다른 파트에 더 신경을 쓰며 문제를 풀었습니다.

이렇게 문제를 풀어도 성적이 잘 나올 수 있냐며 걱정하는 분들도 있을 것입니다. 전혀 염려할 필요가 없습니다. 저는 문법을 무시한 채 공부했지만, 945점을 받았습니다. 물론 이 방법으로 토익 만점을 받을 수는 없을 것입니다. 하지만 다시 묻고 싶습니다.

"여러분이 원하는 토익 점수는 만점입니까?"

토익 만점이 목표가 아니라면 제 방식이 맞습니다. 감히 말씀드립니다. 우리 대부분이 원하는 점수를 얻기 위해서 이보다 더 효과적인 방법은 없습니다.

여러분 중에도 토익 학원에 다니고 있거나 다녀 본 분이 아마 있을 것입니다. 얘기를 들어 보면 학원에서는 주로 문법을 가르칩니다. 문법 공부는 분명히 여러분의 영어 실력은 높여 줄 수 있습니다. 그러나 토익 성적을 단기간에 올리는 데 최선은 아니라고 생각합니다. 문법 공부에 투자할 시간을 좀 더 많은 단어를 외우고 실전 문제를 하나라도 더 푸는 데 사용하기를 추천하고 싶습니다.

그렇다고 오해는 하지 마세요. 문법 문제를 전부 찍으라는 뜻은 아닙니다. 문항 수가 15개나 되기에 그냥 포기할 수는 없습니다. 최소의 시간으로 최대의 결과를 노려야 합니다. 다행히도 토익은 정형화된 시험입니다. 매 시험마다 비슷한 수준을 유지해야 하니 나오는 문제도 항상 유사할 수밖에 없습니다.

모의고사 문제를 계속해서 풀다 보면 반드시 나오는 유형이 있습니다. 그런 경우 어떤 보기가 답이 되는지 감이 오기도 합니다. 하지만 이런 감각을 얻기 위해선 꽤 많은 시간이 소요됩니다. 여기서는 가장 빈번하게 나오는 문법만 말씀드리겠습니다. 추가로 모르는 문제를 만났을 때 찍는 저만의 요령도 알려 드리겠습니다.

3. 함정 피하기

1) 문법: 단어 형태 구별, 시제, 능동/수동

우선 토익 시험에서 자주 출제되는 문법들을 알아보겠습니다. 일단 문법 문제는 크게 '단어 형태를 구별'하는 문제와 '접속사/전치사'에 관한 문제로 나눌 수 있습니다. 구체적인 출제 비율은 대략 단어 형태 구별 10문제, 접속사 5문제 정도입니다.

첫 번째 '단어 형태 구별'을 알아보겠습니다.

이 유형이 흔히 알고 있는 문법 문제입니다. 보기에 똑같은 의미의 단어가 동사, 형용사, 부사 등의 형태로 제시됩니다. 더 세부적으로 보면 크게 세 가지입니다. 시제 문제, 능동태/수동태 문제, 단어의 품사 문제입니다. 이 중 가장 많이 나오는 문제는 동사의 품사를 묻는 형태입니다. 동사는 쉽게 말해 동작을 설명하는 품사로 한 문장에 반드시 하나만 존재해야 합니다. 접속사와 같은 특수한 경우를 제외하고는 이 원칙이 지켜집니다.

문제를 풀 때 동사가 답인지 알아보기 위해서는 전체 문장에 동사가 존재하는지부터 살펴봐야 합니다. 만약 주어진 지문에 별도의 동사가 없다면 답은 무조건 동사입니다.

이처럼 답이 동사인 경우는 풀기 쉽습니다. 그렇다 보니 토익 시험은 함정을 준비합니다. 2개 이상의 동사 보기를 두고 헷갈리게 만듭니다.

주로 나오는 함정으로는 '시제'와 '능동/수동', 그리고 '수 일치'가 있습니다. 이 중 '수 일치'란 주어가 단수인지 복수인지를 묻는 문제입니다. 단수라면 동사에 's'를 붙여야 한다는 사실은 누구나 알지만, 문장의 주어 형태를 확인하지 않으면 답을 찾기 힘듭니다.

수능에도 이와 비슷한 유형의 문제가 많습니다. '수 일치'는 영문법의 중요한 특징 중 하나이니까요. 다만 수능과 비교했을 때 토익이 훨씬 쉽습니다. 수능은 문장의 주어를 찾기 어렵게 숨겨 놓는데, 토익은 주어를 찾기가 어렵지 않습니다. 대부분 쉽게 문제를 풀 수 있습니다.

두 번째는 '시제' 함정입니다.

토익에서 시제를 구별하는 문제는 어렵지 않습니다. 문장을 읽어 보면 시제가 무엇인지 대체로 쉽게 파악할 수 있습니다. 특히 몇몇 단어들은 시제를 쉽게 구분할 수 있도록 도와줍니다.

예를 들어 'will', 'soon', 'last year' 같은 단어들이 있습니다. 만약 문

제에서 'will'이라는 단어가 나오면 답은 동사 원형이 됩니다. 만약 'last year'가 문장에 있으면 과거 형태의 보기를 고르면 됩니다. 이처럼 시제를 알려 주는 단어를 확인하여 문제를 푼다면 실수는 줄어듭니다.

세 번째는 '능동/수동' 함정입니다.

저는 3가지 함정 중 능동/수동 구별이 가장 어려웠습니다. 처음 문제를 풀 때는 주어가 직접 하는지 아니면 당하는지를 해석을 통해 구별하려 했습니다. 그러나 해석만으로 능동과 수동을 명확히 구분하기란 쉽지 않습니다.

능동/수동을 구별하려면 해석이 아니라 문법 개념을 이용해야 합니다. 바로 '목적어의 유무'입니다. 문장을 읽을 때 '~을(를)'로 해석되는 목적어가 없다면 수동태가 정답이 됩니다. 반대로 목적어가 있다면 능동태를 답으로 고르면 됩니다. 다만 정말 간단한 방법이지만, 아쉽게도 모든 경우에 사용할 수는 없습니다.

문장에 목적어가 없다고 해서 모두 수동은 아닙니다. 목적어가 없는데 수동은 아닌 문장이 존재합니다. 위에서 얘기한 공식에 예외가 있는 것이죠. 그럼 이러한 경우는 도대체 어떻게 해야 할까요? 모든 문법 사항을 세세하게 정리해 공부해야 할까요? '세부적인 예외까지 공부할 수는 없다'는 것이 제 결론입니다.

지금도 저는 세세한 문법까지는 잘 모릅니다. 토익 시험장에 다시 간다 해도 같은 방식으로 문제를 풀 것입니다. 만약 문장에 목적어가 없다면 별다른 고민 없이 수동태를 답으로 선택하겠습니다. 이 방법으로 가끔 틀릴 때도 있겠지만, 지금까지 경험으로는 거의 80% 이상 정답이었습니다.

목적어를 생략하는 경우까지 정확히 알기 위해선 자동사와 타동사라는 새로운 개념을 추가로 공부해야 합니다. 저라면 토익 시험을 준비하면서 이것까지 학습하지는 않겠습니다. 고작 1, 2문제 더 맞히겠다고 공부하기에는 양이 너무 많습니다. 여러분은 제가 말씀드린 대로 목적어의 유무로 능동과 수동을 구별하면 될 것입니다.

대다수 문법 문제는 단어 구별 형태로 나옵니다. 약 5문제 정도가 접속사/전치사 문제입니다. 이 유형에는 큰 팁이 없습니다. 아쉽게도 접속사/전치사 문제는 어느 정도 암기가 필요합니다. 하지만 굳이 많은 시간을 들여 따로 공부할 필요는 없다고 생각합니다. 한두 문제를 더 맞히기 위해 공부하기에는 시간이 너무 아깝습니다.

앞에서도 계속 말했듯 토익은 정형화된 시험이라 계속해서 비슷한 유형의 문제가 출제됩니다. 즉, 따로 문법을 공부하기보다는 실전 모의고사를 풀면서 틀린 문제만 따로 체크한 뒤 해당 부분의 문법만 공부하는 방식을 추천합니다. 실제 시험에 모의고사에서 정리했던 내용이 나오면 감사한 일이고, 아니면 찍으면 됩니다. 문법 때문에 스트레스를 받지 마시기 바랍니다.

> 2) 한 번에 답 고르기(더 잘 찍는 비법)

이제까지 토익에서 중요한 문법들을 살펴봤다면 지금부터는 직접적이고 효율적인 실전 팁을 알아보겠습니다. 쉽게 말하면 더 잘 찍을 수 있는 비법입니다. 저는 혼자서 토익 공부를 세 달간 했습니다. 그중 두 달 동안 평일에는 매일 1개의 모의고사를 풀고, 주말에는 2개를 봤습니다. 제가 토익 시험을 준비하면서 공부한 모의고사가 약 60개 정도 됩니다. 이를 문제로 환산하면 약 12,000문항입니다.

꽤 많은 수의 문제를 풀다 보니 나중에는 보기만 봐도 어느 정도 답을 예상할 수 있었습니다. 특히 Part 5에서 그런 경우가 많았는데요. 이는 **토익 시험이 좋아하는 답과 단어가 있다는 사실을 의미합니다.** 이제부터는 제가 수많은 문제를 풀면서 발견한 내용을 말씀드리겠습니다. 대부분 정답인 단어들과 표현, 그리고 주변 단어들만 이용해 바로 답을 고르는 방법입니다.

먼저 보기에 나오면 거의 정답인 단어들을 알아보겠습니다.
첫 번째, 토익 문법 문제는 거의 원형이 답입니다. '-ing', '-ed'같이 변형된 단어가 아니라 **원형 그대로의 단어가 답이라는 뜻입니다.**
예를 들어 'rental', 'rented'라는 두 단어가 보기 항목으로 등장했습니다. 기본적으로 두 단어 모두 명사를 꾸며 줄 수 있습니다. 따라서 둘 중 하나를 선택하기 위해서는 정확한 뜻과 용법 등 미세한 차이를 알아야만 합니다. 이는 굉장히 어려운 문제로 많은 시간을 소비하게 합니다.

이때 저는 아무 고민도 하지 않고 'rental'을 답으로 고릅니다. 이유는 바로 토익 시험의 특성 때문입니다. 토익은 단어의 원형을 좋아합니다. 정확한 근거를 알 수는 없지만, 형용사와 분사가 보기로 나오면 대략 90% 이상이 원래 형태의 형용사가 답이 됩니다. 즉, 변형된 단어가 아닌 원형 그대로가 대부분 정답이라는 의미입니다. 물론 이 방법 또한 틀릴 때가 있습니다. 예외는 존재하는 법이니까요.

토익은 시간 싸움입니다. 기본적으로 문제 풀이 속도가 빨라야 합니다. 필요 없는 해석, 의미 없는 추론과 분석을 줄여야 합니다. 숱한 모의고사를 통해 저는 이와 같은 결론을 얻었습니다. 극단적인 풀이법이라 다소 위험 부담은 있지만, 어려운 영역에서 점수를 올릴 수 있는 효율적인 방법이라 생각합니다. 판단은 여러분의 몫입니다.

두 번째, 나오면 거의 답이 되는 단어입니다. 대표적인 단어는 'complimentary', '(un)evenly', 'dramatic', 'introductory' 등입니다. 이 외에도 굉장히 자주 답으로 출제되는 단어들이 있습니다. 정답에 확신이 없는 상황일 때는 이러한 '찍기' 신공을 사용해야 합니다.

특정 단어가 주로 정답이 되는 이유는 토익이 주제가 확실한 시험이기 때문입니다. 수능과 달리 토익은 취업을 위한 영어를 테스트하는 시험입니다. 수능처럼 같은 시험을 통해 응시자들의 실력을 세밀하게 구별하려는 목적이 아니고, 일정 수준의 영어 능력이 있는지를 알아보기 위함입니다. **실생활 영어 능력 테스트라는 목적이 정해져 있는 것이죠.**

이런 상황에서 다양한 지문이 출제될까요? 한 번도 본 적 없는 특별한 예문이 등장할까요? 토익은 유사한 지문이 계속 반복될 수밖에 없습니다. 문제로 출제해야 하는 상황이 한정되어 있으니까요. 그래서 정답이 될 수 있는 단어 역시 제한적일 수밖에 없습니다. 참고로 중요한 단어들은 각 파트의 실전 Tip에 따로 소개하고 있습니다.

마지막으로 근처의 단어를 보고 바로 답으로 고를 수 있는 경우입니다. 이런 단어들 또한 위와 같은 이유로 생기게 됩니다. 저는 이러한 어휘를 짝이 되는 단어라 부릅니다. 단어를 공부할 때 처음부터 같이 외워 두면 편합니다.

예를 들어 'increase'라는 단어는 항상 'dramatically', 'steadily' 등과 함께 나옵니다. 당연히 'increase dramatically', 'increase steadily'로 외워야 합니다. 이처럼 단어를 공부할 때 한 낱말만 암기하지 말고 빈출 표현을 숙어처럼 기억하면 Part 5 풀이에 큰 도움이 됩니다.

지금까지 Part 5의 실전 팁 몇 가지를 말씀드렸습니다. 시험장에서 어려운 문제를 만났을 때는 이처럼 간단한 요령으로 해결할 수도 있을 것입니다. 중요한 사실은 이런 팁도 자신에게 익숙해져야 효과가 있다는 점입니다. 단순히 머리로만 팁을 기억한다면 실전에서 큰 도움이 되지 않습니다. 많은 문제를 풀면서 자신에게 익숙해져야만 가치가 생깁니다.

토익은 시간 싸움이 가장 중요한 시험입니다. 저는 보통 LC 파트를 끝낸 후 Direction 시간 동안 Part 5의 30문제를 전부 풀어 둡니다. 토익이 처음인 분은 '와! 대단하네'라고 할 수 있지만, 사실 전혀 어렵지 않습니다. 반복해서 공부하면 생기는 숙달의 결과입니다. 여러분도 단어를 한 달 동안 공부하고, 모의고사를 두 달 동안 푼다면 충분히 할 수 있습니다.

Part 5를 미리 풀어 두면 큰 이점이 있습니다. 토익의 대미를 장식하는 Part 7을 시간에 쫓기지 않고 풀 수 있습니다. 뒤에서 자세히 말씀드리겠지만, Part 7은 시간이 관건입니다. 문제가 어렵지는 않지만, 시간이 부족해 틀리는 경우가 대부분입니다. 여러분은 걱정하지 마세요. 이 책에서 제시한 방법을 숙지하면 빠르게 문제를 풀 수 있습니다. 토익 시험을 다 치고도 시간이 남을 것입니다.

Part 5 내용을 마치기 전 다시 한번 말씀드리겠습니다. <mark>꽤 많은 분이 Part 5에 대비하기 위해 문법을 공부하고 학원에 다닙니다. 너무 비효율적인 방법입니다.</mark> 토익 고득점을 위해서 문법은 전혀 필요하지 않습니다. 만점이 목표가 아니라면 그 시간에 단어를 공부하거나 실전 문제를 푸는 것이 더 낫습니다.

만약 시험에 전혀 모르는 문제가 나온다면 느낌이 가는 답을 찍고 빠르게 다음 문제로 넘어갑니다. 편안한 마음을 가지세요. 잘 모르는 내용을 시험장에서 고민한다고 답이 나오지 않습니다. 시간을 헛되이 낭비하기보다 다음 문제를 하나 더 맞히는 편이 낫습니다. 그래도 높은 점수는 가능합니다. 저도 그랬으니까요. 걱정하지 말고 자신을 믿고 가세요.

4. 실전 Tip

* Part 5 빈출 단어

a lack of, accompany, achievable, agricultural, appropriate, at the end of, besides, carry out, circulate, commuting, concerning, consecutively, consent to, constant, contemporary, contestant, courier, deteriorating, direction, due to, expansion, hazardous, implement, interpreter, lengthen, maneuver, modernize, modification, morale, most of, on behalf of, overtaking, personnel, press conference, prompt, property, publicity, publicly, refusal, region, reimbursement, release, relevant to, satisfactory, severe, sincerely, strategic, strive to, surpass, transmit, unanimously, vendor, wide variety of

* 반드시 알아야 하는 접속사/전치사

afterward, along with, although, among, any, as well, besides, contrary, despite, furthermore, however, instead, now that, once, only if, otherwise, rather than, regardless, so that, still, such as, through, toward, whenever, whether, whereas

* 토익 주요 문법

◆ much + 비교급

◆ the + 최상급

◆ 관사, 소유격, 전치사, 타동사+명사
관사: a/the, 소유격: whose, his, her, their, 전치사: in, on,
타동사: like

◆ 시제 부사에 따라 동사의 시제 결정
미래: soon, shortly, 과거: previously, once, recently,
현재 완료: just, since, 현재 진행: currently, presently

◆ 시점, 기간에 어울리는 전치사
at + 정확한 시간, on + 날짜/요일, in + 달/계절/연도,
since + 과거 시점, before + 시점, until + 시점,
during + 기간, within + 기간, for + 기간

◆ 완전한 문장 + 부사

◆ either A or B, neither A nor B, both A and B,
  not A but also B

◆ all + 복수 명사, every + 단수 명사

◆ 분사형 전치사
: concerning, given, including, pertaining to, regarding

◆ 분사형 접속사
 : assuming that, given that, providing that

* **Part 5에서 꼭 기억할 것**

1) 하나의 문장에는 반드시 하나의 동사가 있다!

2) 문장의 주어가 누구인지 확인하라!

3) 시제를 알려 주는 단어부터 살펴라!

4) 능동/수동은 목적어의 유무로 확인하라!

Part 6

1. Preview

Part 6은 Part 5와 비슷한 유형으로 4개 지문에 총 16문항이 출제됩니다. Part 6 역시 빈칸에 어울리는 단어 찾기 문제로 Part 5는 단문, Part 6은 장문으로 구성됩니다. Part 6은 긴 지문에 빈칸이 4개가 있습니다. 4개 중 3개는 단어, 나머지 1개는 문장으로 채워야 합니다.

단어 빈칸 문제는 기본적으로 Part 5와 풀이 방법이 같습니다. 비슷한 유형의 문제이기 때문에 Part 5의 문제를 풀듯 접근하면 되는데, 약간의 차이점이 있습니다. 지금부터는 Part 5와 다른 점을 알아보겠습니다.

2. 유형 분석

첫 번째, Part 6과 Part 5의 가장 큰 차이점은 '지문의 길이'입니다. Part 6의 문제를 보면 하나의 긴 지문이 있고 중간에 빈칸이 있습니다. 현재의 '신토익'으로 바뀌기 전 과거의 문제들은 빈칸이 있는 문장만 보면 풀 수 있었습니다. 빈칸 전후로만 단어들을 읽고 해석해도 충분히 답을 찾을 수가 있었죠. 그러나 현재의 신토익은 다릅니다. 빈칸이 있는 문장 주변만 봐서는 풀기 어려울 때가 있습니다.

많은 분이 아직도 Part 6의 문제를 빈칸만 보고 풀려고 합니다. 이제는 접근을 바꿔야 합니다. 처음부터 쭉 해석하며 풀기를 추천합니다. 오히려 빈칸만 보고 빨리 풀려다 더 많은 시간을 소요할 수 있습니다. 뒤에서 다시 말씀드리겠지만, 반드시 지문 전체의 내용을 알아야만 풀 수 있는 문제들도 출제되기 때문입니다. 반드시 처음부터 문제를 읽기 바랍니다.

두 번째 차이점은 문장 빈칸이 있다는 사실입니다. 문장 빈칸은 '신토익'에서 새롭게 생긴 유형입니다. 과거 문장 빈칸이 없을 때는 Part 6이 굉장히 쉬운 파트였지만, 이제는 의외로 많은 시간을 잡아먹는 영역이 됐습니다. 문제 스타일이 생소하지는 않습니다. 문장 지문은 수능을 준비한 사람에게는 익숙한 형태입니다. 수능도 항상 문장 빈칸 문제가 있었기 때문입니다.

앞에서 계속 토익에는 추론을 요구하는 문제가 없다고 얘기했습니다.

그러나 Part 6의 문장 빈칸은 약간의 추론 능력을 요구합니다. 수능 정도 수준은 아니지만, 지문 전체의 흐름을 이해하고 접근해야 합니다.

많은 분에게 수능의 문장 고르기 문제는 어려운 영역이었습니다. 그에 비해 토익 Part 6의 문장 빈칸 문제는 비교적 쉬운 편입니다. 차분히 첫 문장부터 지문을 읽어 가며 문제를 푼다면 어렵지 않게 답을 찾을 수 있습니다.

3. 함정 피하기

지금까지 Part 6과 Part 5의 차이점을 말씀드렸습니다. 지문의 길이 등에서 약간 다르기는 하지만, 문제 풀이법에는 큰 차이가 없습니다. 읽어야 할 내용이 훨씬 많아 어렵게 느끼는 분도 있겠지만, 제가 생각하기에 Part 6은 토익 RC 파트에서 가장 쉬운 영역입니다. 지문의 내용과 문제 풀이법을 조금만 공부하면 Part 5보다도 쉽게 풀 수 있습니다. 지금부터 Part 6의 풀이법을 자세히 알아보겠습니다.

1) 편지는 'To, From, Date, Subject'부터 확인하라

Part 6의 문제 풀이법에 앞서 알아 둬야 할 정보가 있습니다. 바로 Part 6의 지문 종류입니다. Part 6의 지문은 크게 공지, 편지, E-mail로 나뉩니다. 그중 '공지'는 조금 어려운 편에 속하지만, 나머지 두 종류는 내용 자체가 쉽습니다.

　E-mail, 편지와 같은 지문이 나올 때 많이들 놓치는 부분이 있습니다. 두 유형은 Part 7에도 빈번하게 나오는 형태의 지문입니다. 따라서 지금부터 말씀드리는 내용은 꼭 기억하기 바랍니다.

　편지 형태의 지문이 나오면 'To, From, Date, Subject' 4가지는 반드시 체크해야 합니다. 많은 분이 주요한 지문의 내용이 아니라고 생각해 간과하기 쉬운 정보입니다. 가볍게 여기고 본문만 읽는 것이죠. 여기서 실수가 생깁니다. 정답은 사소해 보이는 이 정보 속에 있는 경우가 많으니까요.

　토익 지문에서 쓸데없는 내용은 하나도 없습니다. Part 6의 지문은 처음부터 끝까지 읽고 해석해 두어야 합니다. 이런 접근 방법은 Part 7에도 똑같이 적용됩니다. 특히 'Subject'를 확인하면 지문의 주제를 알 수 있습니다. 짧은 정보지만, 본문을 읽기 전 전체 내용을 예상할 수 있도록 해 줍니다. 지문 해석에도 당연히 도움이 됩니다. 따라서 'Subject' 등 핵심 정보를 반드시 꼼꼼하게 읽은 후 본문을 보기 바랍니다.

　Part 6의 기본적인 풀이법은 앞에서 설명해 드린 Part 5와 같습니다. 여기서는 Part 6만의 문제 풀이법을 말씀드리겠습니다.

2) 지문 전체를 통해 문제를 풀어라

　첫 번째는 '시제'를 고르는 방법입니다. Part 5는 시제를 확인해 주는 단어를 찾아 답을 고르는 방법을 사용했습니다. Part 6은 보다 쉬운 방법으로 문제를 풀 수 있습니다. 지문 전체의 시제를 살펴보면 됩니다.

Part 6의 지문은 남에게 정보를 전달하는 내용입니다. 그러므로 전체 지문의 시제가 대부분 같습니다. 처음 몇 문장으로 글의 시제를 확인하고 빈칸도 같은 시제를 선택하면 80% 이상 정답입니다. 간혹 함정을 파두어 다른 시제가 나올 때도 있지만, 지문을 처음부터 해석해 왔다면 어려움 없이 답을 찾을 수 있습니다. 덧붙이자면 Part 6은 복잡한 문제가 거의 출제되지 않습니다. 시제를 묻는다면 전체 지문의 시제를 따라 답을 선택하면 됩니다.

두 번째는 '문장 빈칸'을 고르는 방법입니다. Part 6이 토익 RC에서 가장 쉽다고 했지만, '문장 빈칸' 문제는 예외입니다. 토익 RC 전체에서도 어려운 편에 속합니다. 독해 능력이 떨어지면 쉽게 답을 고를 수 없기 때문입니다. 다른 문제는 독해 능력이 조금 부족해도 답을 찾도록 도와주는 힌트가 있지만, Part 6의 '문장 빈칸' 문제는 그런 요소가 없습니다. 해석이 뒷받침되어야 합니다.

3) Part 6을 가장 나중에 풀어라

'문장 빈칸' 유형은 어느 정도 지문 전체에 대한 이해를 요구합니다. 그래서 많은 분이 문제를 풀기 위해 같은 지문을 여러 번 반복해서 읽습니다. 한 번에 답을 찾지 못하면 여러 번 본문을 해석해야 하고, 결국 상당한 시간을 소비합니다. 답을 맞힌다 해도 심각한 문제가 발생합니다. 많은 시간을 Part 6에 써 버리는 바람에 이어지는 Part 7은 제대로 읽어 보지도 못하고 찍어야 합니다. 참 억울한 상황이 발생하죠.

그래서 문제 풀이 순서를 바꾸라고 말씀드리고 싶습니다. 영어 독해 능력이 조금 떨어진다면 Part 6을 가장 나중에 푸는 편이 유리합니다. Part 7이 가장 어려운 파트라고 하지만, 실제 공부해 보면 오히려 평이합니다. 다만 시간이 부족해 제대로 문제를 읽지 못해서 틀립니다. 순서를 바꾸세요. Part 7을 먼저 풀고 남는 시간에 Part 6을 푼다면 더 쉽게 고득점을 받을 수 있습니다.

저 또한 첫 번째 토익 시험을 칠 때는 Part 6을 가장 나중에 풀었습니다. 그랬더니 Part 7을 훨씬 편한 마음으로 풀게 되어 첫 토익부터 좋은 성적을 받을 수 있었습니다. 여러분도 같은 방법으로 시도해 보세요. Part 6의 '문장 빈칸' 문제를 다급하게 풀기보다는 천천히 여유를 가지고 접근하면 답도 더 잘 보입니다.

4. 실전 Tip

* Part 6 빈출 단어

abandoned, adhere to, allocate, attach, be aware that, belongings, branch, business hours, commit, complex, dismantle, dispose of, edible, go into effect, goods, illustrate, in advance, in motion, incident, intersection, lease, nonprofit organization, outage, oversight, overtime work, practice, recurrence, spoiled, strictly

* Part 6에서 꼭 기억할 것

1) 빈칸이 있는 문장만 보지 말고 지문 전체를 보라!

2) 지문 전체의 시제를 확인하라!

3) 독해 능력이 탁월하지 않다면 Part 6을 가장 마지막에 풀어라!

Part 7

1. Preview

이제 토익의 마지막 장입니다. Part 7은 지문을 읽고, 해당하는 질문 2~5개를 푸는 형태로 총 54문항이 출제됩니다. 많은 분이 토익에서 가장 어렵다고 얘기하는 파트입니다. 54개씩이나 출제되는 영역이니 고득점을 받기 위해서는 반드시 정복해야 할 영역입니다.

토익을 준비하는 많은 사람의 선입견과 달리 문제의 수준을 면밀하게 분석해 보면 그다지 어려운 파트는 아닙니다. 지문의 내용이 복잡하거나 심오한 주제를 다루지도 않습니다. 그럼 도대체 왜 그렇게 많은 사람이 Part 7을 버거워할까요? 바로 시간이 부족해서입니다. 평소 토익 점수가 낮은 분이나 처음 시험을 치는 분은 주어진 시간에 문제를 다 풀지 못합니다.

주변 사람들에게 물어본 결과, Part 7의 마지막 10~15문제는 읽어 보지도 못하고 찍는 경우가 많았습니다. 재미있는 사실은 이분들이 나중에 다시 시간을 내서 Part 7의 문제를 풀면 거의 다 맞히더라는 점입니다. 즉, 몰라서 틀리는 것이 아니라 시간이 없어서 풀지 못한다는 뜻입니다.

수능은 한 문제 한 문제가 수준이 높습니다. 시험으로 응시자들의 우열을 가려야 하니까요. 하지만 토익은 다릅니다. 꼭 알아야 할 내용을 묻습니다. 다만 조금 많은 분량을 짧은 시간 안에 다룰 뿐입니다. 결국 토익은 질보다는 양을 테스트하는 시험이라고 생각해야 합니다. 수능처럼 경쟁자들과의 비교가 목적이 아닙니다. 일정 수준의 영어 능력이 있느냐 없느냐만 따집니다.

여러 번 말씀드렸듯 토익은 취업을 위한 영어 시험이기 때문에 빠른 듣기 능력과 신속한 독해 능력을 요구합니다. 그럼 어떻게 해야 Part 7을 빨리 풀 수 있을까요?

흔히 Part 7을 다 푸는 데 1시간 정도가 걸린다고 생각합니다. 아무리 숙달이 되어도 50분은 필요합니다. 여기서 한번 생각해 보겠습니다. 토익 RC 100문제를 푸는 데 주어진 시간이 75분입니다. 전체 75분 중에 5~60분을 Part 7에 쓴다면 남는 시간은 15~25분입니다. Part 5와 Part 6을 15~25분 안에 전부 풀어야 한다는 말인데, 과연 이 시간 안에 46문제를 해결할 수 있을까요? 현실적으로 25분 안에 46문제를 풀기란 거의 불가능해 보입니다. 그렇다면 Part 7의 문제 풀이 시간을 더 줄여야만 할까요?

결론을 말씀드리겠습니다. 다른 파트의 풀이 시간을 더 줄여야 합니다. 토익 시험의 승부처는 바로 여기에 있습니다. 누가 더 Part 7을 풀기 위한 시간을 많이 만들어 내는지가 관건입니다. 앞에서 말씀드린 모든 문제 풀이 기술과 요령을 활용해 최대한 빠르게 Part 5, 6을 해결해야 합니다. 특히 Part 5는 LC Part Direction 시간 동안 다 풀어내야 합니다. LC 시간을 이용해 Part 5를 해결할 수 있다면 토익 900점은 어렵지 않습니다.

반복되는 얘기지만, 가장 중요한 내용이라 말씀드립니다. 문제 풀이 속도를 높이기 위해서는 모의고사를 계속 풀어야 합니다. 답을 찾는 기술과 풀이 요령도 익혀야 하지만, 기본은 단어 실력과 모의고사 풀기입니다. 시간을 단축하기 위해서는 매일 모의고사를 풀어 익숙해지는 방법이 최선입니다. 두 달 정도는 매일 실전 모의고사를 보시기 바랍니다.

2. 유형 분석

Part 7은 지문을 읽고 답을 고르는 유형으로 우리에게 익숙한 유형입니다. 수능에서 항상 보던 형식으로 대부분 큰 거부감 없이 문제를 풀 수 있습니다. 게다가 지문도 평범한 수준이라 수능과 비교하면 아주 쉽습니다.

난이도는 지문의 주제와 관련이 있습니다. 수능은 학술적인 내용이 지문으로 등장하는 반면 토익은 실생활과 관련된 편지, 전단지, 메뉴판, 광고문, 공지 사항 등을 다룹니다. 따라서 이해하기 어려운 내용이 아닙니다. 실생활 내용이라 단어 수준도 그다지 높지 않습니다.

수능과 비교했을 때 차이점이 하나 더 있습니다. 수능은 추론 능력을 요구하는 문제가 많지만, 토익은 오직 지문의 내용을 바탕으로 문제를 풀어야 합니다. 지문에 모든 답이 있으므로 찾아내기만 하면 됩니다. 수능 문제를 풀듯 접근하면 처음에는 의아할 수도 있습니다. 정답이 너무 뻔해 이게 정말 맞나 싶을 정도이기 때문입니다.

Part 7은 어렵지 않습니다. 시간이 부족할 뿐입니다. 특히 마지막에 나오는 다중 지문은 본문 자체가 너무 길어 해석하는 데 시간이 제법 소요됩니다. 그렇다고 미리 걱정할 필요는 전혀 없습니다. 문제 풀이 방법이 어렵지 않아 조금만 공부해도 대부분 쉽게 답을 찾을 수 있습니다.

문제 풀이법에 들어가기에 앞서 Part 7의 문제 유형을 자세히 말씀드리겠습니다. Part 7은 앞에서 말씀드렸듯이 총 54문제입니다. 이 중 단일 지문이 29문제, 이중 지문이 10문제, 삼중 지문이 15문제입니다. 단일 지문은 평범하고, 지문의 수가 늘어날수록 문제 수준도 높아집니다.

이중 지문 이상이라고 해서 독해 난이도가 올라가지는 않습니다. 지문의 길이가 늘어나기 때문에 어렵게 느낄 뿐입니다. 다만 여러 지문에서 답을 찾아내야 하므로 조금 까다로울 수는 있습니다. 장문의 지문 구조를 제대로 파악하고 있어야 답을 빠르게 찾기 때문입니다. 그러나 이 또한 뒤에서 말씀드릴 문제 풀이법을 숙지하고 접근한다면 큰 어려움 없이 해결할 수 있습니다.

Part 7은 모두 실생활과 연관된 지문이 나옵니다. 지문 유형이 제한적이기 때문에 유리한 점도 있습니다. 어떤 종류의 지문인지를 먼저 파악하면 문제에서 주로 무엇을 물을지도 예상할 수 있습니다. 같은 유형의 지문이라면 출제 문제 역시 비슷합니다. 이를 염두에 두고 본문을 읽는다면 훨씬 빠르게 문제를 풀 수 있습니다.

지금까지 설명으로만 보면 Part 7은 하나도 어렵지 않습니다. 그러나 많은 사람이 Part 7을 버거워하는 데는 이유가 있습니다. 가장 큰 이유는 역시 시간이지만, 문제에 실수를 유발하기 위한 함정들도 곳곳에 있습니다. 이제부터는 어떻게 하면 함정을 피해 빠르게 문제를 풀어 나갈 수 있는지 알아보겠습니다.

3. 함정 피하기

아무리 다른 파트에서 문제를 빨리 풀고 Part 7에 1시간을 할당한다고 해도 정작 풀이법을 모르면 아무 소용이 없습니다. 이제부터 Part 7의 문제 풀이 기술을 말씀드리겠습니다.

단일 지문은 평범합니다. 크게 공부하지 않아도 거의 다 맞힐 정도로 쉬운 문제들이 나옵니다. 대부분 지문이 광고, 이메일, 문자 메시지 등 실생활에 관련된 내용이라 쉽고 길지 않습니다.

단일 지문은 먼저 본문부터 다 읽고 문제를 보는 방법을 추천합니다.

지문의 길이가 짧으므로 한 번만 읽어 두어도 충분히 문제를 풀 수 있습니다. 문제를 읽고 나서 지문을 읽으면 시간이 더 소요됩니다. 쉬운 지문은 본문부터 다 읽은 후 문제를 푸는 방법이 효율적입니다. 토익은 항상 시간을 염두에 두고 접근해야 합니다.

토익은 늘 같은 유형의 문제가 나오기 때문에 본문을 해석하기 전 지문 유형을 파악하고, 어떠한 문제가 나올지 예상한다면 훨씬 빠르게 문제를 풀어 나갈 수 있습니다. 이는 문제를 여러 번 풀어 보면 저절로 알게 되는 기술이지만, 간략하게 정리해 드리겠습니다.

1) 문자는 항상 메시지를 보낸 이유, 부탁 내용을 물어본다

문자 메시지 유형은 항상 문자를 보낸 이유, 부탁하는 내용을 물어봅니다. 왜 문자를 보냈는지 혹은 문자를 받는 상대방에게 무엇을 요구하는지 묻습니다. 지문에서 문자 메시지 형태를 보는 순간 '이유', '부탁 내용'을 떠올리면 됩니다.

문자 메시지 문제 중 여러 대화가 오가는 형태도 있습니다. 이럴 때는 반드시 하나의 문장 또는 단어의 의미를 묻는 문제가 나옵니다. 단순히 해석만 하면 해결되는 문제라 어렵지 않게 답을 찾을 수 있습니다.

문자 형태의 지문은 보내는 사람과 받는 사람이 누구인지 확인하고 본문을 읽으면 문제를 푸는 데 아무 어려움이 없을 것입니다.

> 2) 이메일은 보내는 사람, 받는 사람, 추신을 눈여겨보라

　다음은 이메일 유형의 문제입니다. 이메일 유형 또한 문자 메시지와 문제가 비슷합니다. 문제를 풀 때 본문만 읽지 말고 보내는 사람과 받는 사람부터 주의 깊게 봐야 합니다. 그 사람의 직업, 회사 등을 자세히 확인해야 합니다.

　이메일에는 종종 '추신'이 있는데 편지 끝에 쓰는 내용입니다. 본문에서 미처 언급하지 못해 추가하는 경우가 많고 거의 문제로 출제됩니다. 추신이 있다면 대충 보지 말고 정확히 해석해 둬야 합니다.

> 3) 광고, 공지 글은 다루는 정보에 주의하라

　문자, 이메일 이외에는 광고, 공지 글 등이 있습니다. 주로 정보를 제공하는 지문입니다. 문제 역시 주어진 정보와 관련해 출제됩니다. 지문의 전체 흐름을 파악하고 어떤 이야기를 하는지 이해해야만 문제를 풀 수 있습니다.

　지금까지 지문 유형별 출제 포인트를 간단하게 정리했습니다. 문제를 전혀 접해 보지 않고 설명만 들은 분은 어렵게 느낄 수도 있지만, 모의고사를 몇 번 풀어 보면 쉽게 정리가 될 것입니다. 문제 풀이에 조금만 시간을 투자하면 단일 지문 유형은 전부 맞힐 수 있습니다.

　토익을 웬만큼 공부했다면 단일 지문에서 어려움을 겪는 분은 없습

니다. 대다수가 힘들어하는 부분은 후반부의 다중 지문입니다. 앞에서도 미리 말씀드렸지만, 다중 지문을 제대로 풀기 위해서는 시간이 관건입니다. 쫓기는 마음으로 문제를 보지 않고 차분히 푼다면 충분히 점수를 얻을 수 있습니다. 다시 한번 강조합니다. 토익의 하이라이트라는 Part 7 후반부의 다중 지문 문제는 어렵지 않습니다. 시간이 부족할 뿐입니다.

어려워 보이는 다중 지문 문제도 자세히 보면 앞에서 다룬 단일 지문과 같은 유형입니다. 다른 형태는 없습니다. 짧은 문장에서 물어봤던 내용을 긴 문장에서 출제할 뿐입니다. 지문 유형별로 문제들을 분석하고 해석한다면 다중 지문 문제 또한 아주 쉽게 풀어 나갈 수 있습니다.

의외로 많은 분이 놓치는 사실이 있습니다. Part 7의 모든 문제 순서는 지문 순서와 일치합니다. 즉, 앞에 있는 문제는 본문의 앞쪽에, 뒤에 나오는 문제는 후반부에 관련 내용이 있습니다. 엉뚱한 데서 답을 찾으면 안 된다는 뜻입니다. 통상 마지막 문제만 전체 지문 내용과 관련해 출제됩니다. 이는 다중 지문에서도 마찬가지입니다. 정확한 경계를 알 수는 없지만, 큰 틀에서 보면 지문 흐름대로 문제가 출제됩니다.

앞 문제를 풀면서 답을 찾았으면 그 위치를 해당 지문에 표시하세요. 이후 문제의 답은 그다음부터 찾아야 합니다. 이 사실을 꼭 기억해야 합니다. 실제 시험에서 이를 무시하면 시간 낭비가 커집니다. 답이 보이지 않는다고 이전 지문에서 찾으면 더욱더 오답으로 빠지는 길입니다. '지문 흐름과 문제 순서는 똑같다.' 이 사실만 명심하고 문제를 풀면 더 빠르고 확실하게 정답을 찾을 수 있습니다.

4) 실전 Tip

* **Part 7 빈출 단어**

accelerated, accommodation, accompany, adjacent, affirm, anticipate, appliance, applicable to, approximately, assign, assigned, ban, be courteous to, be credited for, bring forward, bulk streamlined, carry out, combat, competency, complaint, complimentary, compost, concentrated, continuously, corporation, criteria, cuisine, curb, decade, deposit, description, discarded, disproportionately, due, ease, eliminate, enact, enclosed, excessive, exclusively, expertise, exterior, fill out, fine, go into effect, houseware, in motion, inquiry, installation, interfere with, invoice, litter, manpower, mutually, needs, obtain, on site, opponent, overuse, pace, patented, pending order, questionnaire, raise, relieve, remaining, replenish, representative, respectively, run out, sanitation, set up, spacious, tenant, terminate, then and now, up to, vacate, valid, verification, wholesale

* **토익 관련 추천 팁**

- 고사장: 대학교가 가장 좋음. 중·고등학교는 음향 시설이 안 좋은 곳도 있음. 토익 커뮤니티 등에 고사장별로 설명이 돼 있으니 미리 확인하자.

- 토익 앱: 산타 토익

- 사이트: 해커스 토익, 커넥츠 영단기

> *** Part 7에서 꼭 기억할 것**
>
> 1) 다른 파트를 빨리 풀어 Part 7을 위한 최대한의 시간을 만들라!
>
> 2) 지문이 길 뿐이다. 어렵지 않으니 긴장하지 말자!
>
> 3) 지문 흐름과 문제 순서는 똑같다!

7

토익 945점이
만들어 준 자신감

유럽 여행
혼자 갈 수 있을까?

어렸을 적부터 배낭여행이라는 꿈이 있었습니다. 여러 책 속 주인공들은 혼자 여행을 떠나 다양한 사람을 만납니다. 특별한 일을 경험하며 성장해 가는 모습이 너무나 좋아 보였습니다. '언젠가 나도 혼자 세상을 돌아다니며 멋진 경험을 할 수 있겠지.' 여행에 대한 상상은 늘 마음속에 있었지만, 아쉽게도 군대에 가기 전까진 행동으로 옮기지 못했습니다.

살아오며 떠날 기회가 없었느냐? 아닙니다. 돌아보면 여행할 기회는 여러 번 있었습니다. 수능을 친 후 겨울방학, 대학교 1학년 여름방학, 그리고 입대하기 전 겨울방학 등등. 하지만 정작 떠날 수 있는 순간이 왔을 때 여러 핑계를 대며 여행을 가지 못했습니다. 겉으로는 돈과 시간 때문에 포기한다고 얘기했지만, 솔직히 두려웠습니다. 배낭여행을 떠날 경비와 계획은 매 시즌 준비했지만, 실행할 용기가 없었습니다.

여행을 떠나려고 할 때마다 망설였던 이유는 '혼자'라는 두려움 때문이었습니다. 인생을 살아오며 혼자서 무엇을 해 본 적이 없었습니다. 어떤 일을 하든지 부모님이나 친구들과 함께해 왔기에 혼자 떠나는 여행이 참 막막했습니다. 모든 것을 스스로 결정하고 행동하고 책임져야 한다는 사실이 그냥 싫었습니다. 더군다나 가고 싶은 유럽은 언어까지 달랐기에 마음속의 벽은 시간이 흐를수록 점점 높아만 갔습니다.

처음 유럽 여행을 계획했던 시점은 고3 때였습니다. 수능을 치고 대학에 들어가기 전 여유 시간에 한 달 정도 유럽 여행을 가겠다고 주변 친구들에게 이야기하고 다녔습니다. 당시에는 진짜 가고 싶은 욕망보다 뭔가 있어 보이고 싶은 마음이 컸습니다. '나는 너희들과 다르다.' 우쭐거리고 싶은 그런 마음이었다고 할까요. 단순히 주변에 자랑하려는 속셈이었습니다.

수능 시험을 치고 대학에 합격한 후 유럽 배낭여행을 위한 돈을 모았습니다. 여행을 갈 수 있었지만, 막연한 두려움 때문에 포기했습니다. 막상 떠난다고 생각하니 마음이 그리 불편할 수가 없었습니다. 결국 저는 학창 시절 마지막 겨울방학 동안 아무것도 하지 않고 대학에 들어갔습니다.

대학 생활을 하면서 다시 결심했습니다. 첫 여름방학에는 무조건 유럽 여행을 가겠다고요. 그런데 이번에는 외부에 핑곗거리가 생겼습니다.

여름방학 때 교회에서 떠나는 단기 선교에 가게 되었습니다. 여행 계획은 다시 미뤘습니다. 겨울방학에는 갈 수 있으리라 희망을 하면서요.

겨울방학이 끝나면 바로 입대할 계획이었기 때문에 어렸을 때부터 꿈꿔 왔던 배낭여행을 떠날 마지막 기회였습니다. 그러나 방학이 시작하고 시간이 흘러가자 처음 가졌던 여행 의욕은 점차 사라지고, 대신 마음 한편에는 두려움이 다시 고개를 들었습니다. 여행이 떠오르면 스스로 핑계를 대기 시작했고 갈 수 없는 이유를 찾기 바빴습니다. 저는 참 소심한 사람이었습니다.

결국 그 겨울에도 떠나지 못했습니다. '여행'과 관련해서 저는 주변 사람들에게 거짓말만 반복하는 양치기 소년이었습니다. 지금 생각해 보면 참 한심한 모습입니다. 그렇게 시간이 흘러 저는 여행을 하지 못하고 입대했습니다.

처음 군대에 들어와서는 유럽 여행의 꿈을 머릿속에서 지웠습니다. 여러 번 계획했지만, 결국 가지 못했던 여행입니다. 마음속은 이미 '굳이 돈 써 가며 여행을 다녀와 봤자 고생만 하지 무슨 도움이 되겠어?' 이런 생각으로 가득 찼습니다. 여행 갈 돈으로 차라리 다른 일을 해야겠다고 생각했습니다.

토익 점수가 사람을 변화시키다

그랬던 제가 군 생활을 하면서 변화가 일어났습니다. 첫 번째 토익을 친 후에는 모든 일에 자신감이 생겼습니다. 무엇이든 하면 된다는 믿음이 생겼습니다. '유럽 배낭여행? 가면 되지. 어려울 게 뭐가 있겠어?'

다시 배낭여행의 꿈을 꾸게 됐습니다. 이번에는 예전과 다릅니다. 군 전역 후 바로 유럽으로 떠나야겠다는 생각으로 계획을 세우기 시작했습니다.

과거에는 배낭여행을 생각하면 혼자라는 두려움과 영어에 대한 걱정이 있었지만, 마음이 바뀌었습니다. 군대에서 독학으로 토익 공부에 성공했다는 자신감이 마음을 단단하게 했습니다. 과거에는 여행이 꼭 해야 하는 하나의 숙제 같았다면 군 생활 이후에는 정말로 이루고 싶은 꿈이 되었습니다.

그동안 놓친 기회들이 얼마나 아까웠는지 생각했습니다. 그래서 첫 토익을 치고 1주일이 지났을 무렵 바로 항공권을 예매했습니다. 자세한 계획을 세우지는 않았지만, 티켓부터 끊었습니다. 어떤 일이든 하나라도 저질러야 시작되니까요.

그때는 무슨 자신감이었는지 여행의 구체적인 계획도 없으면서 비행기 표부터 예매했습니다. 제대한 후 복학까지 한 달 정도의 시간에 맞춰 출입국 날짜를 정하고 그날 있는 항공편을 잡았습니다. 과거의 저라면 감히 상상도 못 할 일인데 과감하게 바로 예매했습니다.

나중에 여행 계획을 세우고 보니 너무 성급하게 예매를 했다는 후회가 들기도 했습니다. 실제 유럽을 여행하면서는 조금만 더 차분히 준비했다면 좋았으리라는 생각이 들었으니까요. 하지만 생각만 하고 떠나지 않았던 과거와는 비교할 바가 못 됩니다. 예측하지 못했던 여행지의 일상마

저 모두 멋진 추억으로 남았습니다.

여러분도 새로운 기회가 왔을 때 과감하게 도전하기 바랍니다. 저는 지금까지 많은 기회가 있었음에도 한 번도 떠나지 못했습니다. 그러다 군대에서 우연한 기회로 변했고, 어렸을 적부터 꿈꾸던 여행을 갈 수 있었습니다.

기회를 만났을 때 시도해야 합니다. 저는 군대에서 이 사실을 크게 깨달았습니다. 완벽한 준비와 계획도 성공을 보장하지는 않습니다. 도전할 수 있을 때 행동하고, 앞으로 나아가면서 보완하면 됩니다. 행운은 누구에게나 찾아옵니다. 하지만 그 순간을 자기 인생의 터닝 포인트로 만드는 사람은 많지 않습니다. 인생의 전환점은 슬그머니 다가오기도 합니다. 지금 손에 든 이 책이 여러분에게 새로운 기회가 될 수 있지 않을까요?

결국 영어는 자신감이다

토익 성적이 높다고 해서 꼭 영어 말하기를 잘하지는 않습니다. 그러나 당시의 저는 자신감에 가득 차 있었습니다. '토익 성적이 높으니 이제 영어 말하기 정도는 아무런 문제도 아니겠지.' '토익 LC 만점을 받았으니 영어가 웬만큼 들리겠지.' 현실은 아니었습니다. 저만의 착각이라는 걸 깨닫는 데는 그리 오랜 시간이 걸리지 않았습니다.

막상 유럽에 도착하니 실제 생활에서 쓰는 말은 지금까지 공부해 왔던 영어와 너무 달랐습니다. 그동안 배웠던 영어가 오직 읽기에 치중됐다면, 실제 영어는 정말 대화를 위한 말이었습니다. 처음에는 외국인들과 영어로 한마디도 하기 어려웠습니다. 굉장히 쉬운 영어임에도 불구하고 긴장해서인지 제대로 이야기하지 못했습니다.

시간이 흐르면서 차츰 익숙해지니 그동안 공부해 왔던 영어에 비해 굉장히 쉬운 수준이라고 느껴졌습니다. 한국어도 마찬가지지만, 대화에 사용하는 말은 한정돼 있습니다. 시간이 지나면 웬만큼 적응하기 마련이죠. 대화를 하면 할수록 자신감도 늘었습니다. 여행 후반부에는 편하게 말할 수 있어 다양한 외국인들에게 먼저 다가가기도 했습니다.

직접 여행을 다니면서 느낀 점은 영어 말하기가 생각보다 힘들지 않다는 것입니다. 그렇다고 제가 영어를 유창하게 하는 편은 아닙니다. 단지 우리가 지금까지 배워 왔던 영어로도 충분히 대화할 수 있다는 이야기입니다. 그동안 저는 영어 말하기에 막연한 두려움을 가지고 있었습니다.

영어 공포의 가장 큰 이유는 틀렸을 때의 부끄러움입니다. 흔히들 영어로 말할 때 항상 완벽한 문장으로 얘기해야 한다고 생각합니다. 어려서부터 체계적으로 영어를 배웠기 때문일까요? 우리는 영어로 말할 때 문법이 틀리는 것을 잘 받아들이지 못합니다.

이는 영어를 너무 잘 알아서 발생하는 문제입니다. 틀린 말을 하게 될까 봐 필요 이상으로 두려워합니다. 문법이 좀 틀리면 어떤가요? 뜻만 제대로 전달했다면 성공적인 대화이지 않을까요? 제가 여행에서 만났던 유럽 사람들은 아무 거리낌 없이 엉터리 영어를 썼습니다. '유럽 사람이라고 영어를 다 잘하지는 않는구나.' 그때 알았죠.

네덜란드 암스테르담 숙소에서 네덜란드 사람, 스페인 사람과 한방에서 생활한 적이 있습니다. 우리 셋은 서로 다른 모국어를 사용하다 보니 함께 이야기할 때는 영어를 사용했습니다. 당연히 그들이 저보다 영어를 잘할 줄 알았지만, 전혀 아니었습니다. 막상 대화해 보니 썩 영어를 잘하지 못했습니다. 문법적으로는 틀린 문장이더라도 그들은 망설임 없이 말했습니다.

그때 새삼 느꼈습니다. '영어를 너무 학문적으로만 공부해 왔구나.' 그들에게 영어는 하나의 언어에 불과합니다. 대화해서 서로 뜻이 통한다면 어떻게 사용해도 문제가 안 된다는 실용적인 생각입니다.

그 후로 저도 영어를 쓸 때 딱히 문법에 얽매이지 않고 편하게 말했습니다. 완벽한 문장을 생각하지 않으니 외국인과 대화하기가 쉬워졌습니다. 여러분도 외국인과 대화할 때 편하게 다가간다면 생각보다 훨씬 더 잘할 수 있습니다.

저는 그동안 너무 자신감 없이 살아왔습니다. 유럽을 여행하면서 크게 느꼈습니다. 떠나 보면 안다고 했던가요? 낯선 이국땅에서 저는 많은 것을 생각했습니다. 마음을 새로운 에너지로 충전하는 기분이었습니다. 생각보다 훨씬 많은 일을 할 수 있다는 믿음이 생겼습니다. 두려움이란 해 보지 않은 일에 대한 막연한 허상이었습니다.

이는 저뿐만 아니라 다른 분도 모두 마찬가지라고 생각합니다. 많은 분이 영어에 두려움을 가지고 있습니다. 우리 대부분은 어렸을 적부터 힘들게 영어를 공부해 왔고, 성인이 되어서도 영어를 어려워합니다. 어렵다는 선입견, 먼저 그 마음을 버리시기 바랍니다. 생각보다 어렵지 않으니까요.

　토익은 지금까지 해 왔던 영어 공부와 큰 차이가 있습니다. 그러므로 모든 분이 자신감만 가지고 시작한다면 단 한 분도 빠짐없이 원하는 점수를 달성할 수 있습니다. 유럽 여행을 하는 동안 다양한 음식을 먹고 여러 관광지도 둘러보았지만, 가장 값진 경험은 혼자서도 할 수 있다는 자신감입니다. 여러분도 너무 걱정하지 말고 할 수 있다는 자신감 하나만 가지고 토익 공부를 시작하시기 바랍니다.

배낭여행을 통해
배운 한 가지

　유럽 여행을 혼자 준비하면서 제법 많은 시간과 노력을 들였습니다. 게다가 저는 군대에서 준비해야 했기에 더 힘들었습니다. 그나마 근무하던 부대가 해군사관학교 도서관이었기에 여행 책을 참고할 수 있었지만, 얻을 수 있는 정보가 너무 제한돼 준비가 쉽지 않았습니다. 지금부터는 군대에서 어떻게 23일간의 유럽 여행을 준비했는지 이야기해 보려고 합니다.

　제가 예매한 항공권은 런던으로 들어가 바르셀로나로 나오는 일정이었습니다. 출국 날짜는 2019년 1월 14일, 귀국 날짜는 2019년 2월 4일로 총 22박 23일이었습니다. 두 번 모두 홍콩 경유 여정으로 비행시간만 17시간, 대기 시간은 5시간이었습니다. 꼬박 하루가 걸리는 일정입니다.

항공권을 예약했을 때는 제대하기 전이었는데, 비행기 표를 구매했다는 사실 하나만으로도 너무나 설레었습니다. 여행은 계획부터 즐거운 일이니까요. 비행기 예매의 흥분이 잦아들자 구체적 여행 계획이 고민되기 시작했습니다. 즉흥적으로 항공권만 구매했지 아무 계획도 없었습니다.

처음 항공권을 예약했을 때는 미처 생각지도 못했던 일들이 꽤 남아 있었습니다. 그때까지 다녔던 여행은 모두 패키지여행이거나 인솔자가 있었기 때문에 준비해야 할 것이 그렇게 많은지 몰랐습니다.

첫 일주일 동안은 가고 싶은 나라, 먹고 싶은 음식, 보고 싶은 장소를 찾았습니다. 검색하면서 행복감도 느꼈습니다. 하지만 교통편, 숙박 등까지 모두 알아보려니 쉬운 일이 아니었습니다. 특히 혼자 떠나는 배낭여행이었기에 준비할 사항이 더 많았습니다. 이동 동선별 교통편과 시간 체크, 방문할 박물관의 표까지 확인하려니 여행이 아니라 업무처럼 느껴졌습니다. 처음의 즐거운 흥분은 사라지고 점점 귀찮아지기 시작했습니다.

결국 저는 7월에 비행기를 예매하고 12월까지 약 5개월간 아무 준비도 하지 못했습니다. 군 생활 내내 준비해야겠다는 생각만 했을 뿐 조금씩 미루다 보니 시간이 순식간에 지나갔습니다.

전역을 한 달 남겨 놓았을 때에서야 여행 준비를 시작했습니다. 유럽 여행 출발일이 전역 3일 후였기 때문에 전역 날 전까지 모든 준비를 끝내야 했습니다. 그때부터는 남는 시간마다 계속해서 유럽 여행 일정을 짰습니다.

　틈틈이 군대에서 유럽 여행 전반을 계획하고 세부 일정은 휴가 때 알아보기로 마음먹었습니다. 군대에는 '말출'이라고 부르는 휴가가 있습니다. 전역 전 마지막 휴가로 길게는 2주 정도입니다. 이 말출 기간에 숙박, 교통편, 관광지 등 모든 예약을 끝냈습니다.

　혼자 떠나는 여행을 위해서는 많은 준비가 필요했습니다. 그래도 모든 예약을 마치고 나니 큰 성취감이 들었습니다. 23년 인생을 살면서 항상 보호자 그늘 아래 편하게 지냈던 제가 혼자서 모든 준비를 해냈다는 사실에 기분이 좋았습니다. 그 뿌듯함을 무엇으로 표현할 수 있을까요. 한 번도 가 보지 못한 나라로 떠나는 여행은 두려움보다 커다란 설렘으로 다가왔습니다.

계획대로 되는 것만이 행복은 아니다

　실제 여행을 다녀 보니 준비가 부족했음을 여러 곳에서 느꼈습니다. 떠나기 전에는 여행지의 상황을 충분히 알 수 없으니까요. 완벽하지 못한 여행이지만, 나름의 즐거움은 늘 있었습니다. 어쩌면 그것이 배낭여행의 묘미이지 않을까 생각합니다. 패키지여행을 가면 정해진 계획 속에서 관광지를 보고 맛있는 음식을 먹고 편안한 숙소에서 잡니다. 반면에 배낭여행은 종종 돌발 사건이 생기고 어려움이 찾아옵니다. 반가운 상황은 아니지만, 반드시 불행도 아닙니다. 몸은 힘들더라도 자유롭게 다니기에 얻는 기쁨이 있습니다. 특히 예상하지 못한 곳에서 만나는 아름다움은 잊을 수 없는 추억으로 남기도 합니다.

유럽 여행에서 가장 기억에 남는 장면은 비 오는 날 바라본 밀라노 성당입니다. 더 아름다운 곳도 많았지만, 밀라노 성당이 가장 기억에 남는 이유는 전혀 기대하지 못했던 순간 눈앞에 나타났기 때문입니다.

저는 이탈리아를 로마, 피렌체, 밀라노 순으로 여행했습니다. 처음 두 도시는 따뜻하고 날씨도 좋아 기분 좋게 다녔습니다. 그런데 밀라노는 비가 많이 오고 추워서 여행하기가 쉽지 않았습니다. 게다가 여행 후반부였기 때문에 몸도 이미 지칠 대로 지쳐 있었습니다.

여러 이유로 밀라노 여행은 처음 시작부터 기분이 좋지 않았습니다. 심리 영향이 컸는지 밀라노라는 도시도 기대 이하였습니다. 몸과 마음은 점점 지쳐 갔고 어서 한국으로 돌아가고 싶다는 생각밖에 없었습니다.

우울한 마음으로 비를 맞으며 정처 없이 길을 걷던 중 한 건물과 마주했습니다. 밀라노 성당이었습니다. 눈에 풍경이 들어오는 순간 멈춰 섰습니다. 발이 움직이지 않았습니다. 말로 표현할 수 없는 경이로움에 그대로 얼어붙었습니다.

아직도 그때 들었던 음악, 이국적인 향취, 수려한 경관이 너무나 생생합니다. 처음 본 밀라노 성당은 너무나 아름다웠습니다. 한동안 꼼짝도 하지 않고 성당과 주변 풍경을 눈에 담았습니다. 이 글에 그때의 감동을 담기엔 제 문학적 감성이 부족하여 안타깝습니다. 그저 멋있고 황홀하다는 생각밖에 들지 않았습니다.

여행을 마치고 한국에 돌아와 유럽을 생각했을 때 가장 먼저 떠오르는 장소는 밀라노 성당이 되었습니다. 예상하지 못한 기쁨이 배낭여행의 가장 큰 즐거움이라고 생각합니다. 배낭여행을 떠나기 전까지는 항상 모든 것을 완벽하게 준비하고 계획대로만 행동하려 했습니다. 만약 계획에서 하나라도 어긋나면 힘들어했고요.

배낭여행을 통해 한 가지를 배웠습니다. 꼭 계획대로 되는 것만이 행복은 아니라고요. 한 달 동안 유럽을 다니며 만났던 우연한 순간들에 감동받을 때가 많았습니다. 본래 의도와 달라져도 꼭 불행해지는 것은 아니었습니다. 눈앞의 현실을 바라보는 태도는 제가 결정하니까요. 삶은 늘 그 순간에 있습니다. 인생에는 어려운 시간도, 기쁜 순간도 존재합니다. 긴 인생을 살지는 않았지만, 앞으로의 삶을 대하는 제 태도는 분명합니다. 매 순간 두려움 없이 즐기며 살아갈 것입니다.

혼자서 할 수 있다는 자신감

군 생활을 하며 목표했던 토익 성적을 달성했습니다. 남들이 보기에는 단순한 영어 시험 점수이지만, 제겐 성적 이상의 의미입니다. 토익 점수는 제가 어려운 현실을 성공적으로 극복한 첫 사례입니다. 토익을 통해 자신감을 얻었습니다.

저는 입대하기 전까지는 편안한 현실에 안주하려는 사람이었습니다. 항상 스스로 한계를 세우고 그 안에서만 안정된 삶을 살아왔습니다. 틀을 벗어나는 일은 결과가 두려워 시작도 해 보지 않았습니다.

군대에서 토익 945점을 달성하고 생각에 많은 변화가 생겼습니다. 공부에서 얻은 자신감을 바탕으로 더욱 다양한 도전을 해 보기로 마음먹었습니다. 첫 번째 목표는 유럽 배낭여행이었습니다. 혼자 떠나는 여행까지 성공적으로 마치고 다음 목표를 정했습니다.

두 번째 목표는 바로 독립하기였습니다. 단순히 부모님과 따로 떨어져 사는 데 그치지 않고 경제적인 자립을 꿈꾸었습니다. 어렸을 적부터 아버지는 농담 삼아 대학교에 들어가면 바로 독립하라고 이야기하셨습니다. 저 또한 충분히 할 수 있다고 생각했고, 대학교 1학년 때부터 학원 아르바이트를 시작했습니다. 하지만 너무 힘이 들어 첫날만 일하고 바로 그만두었습니다.

하루 일을 해 보고 경제적으로 독립하기가 얼마나 힘든지 깨달았습니다. 처음에 호기롭게 했던 말과는 달리 대학교 1학년 때는 편한 삶을 살았습니다. 아르바이트를 포기하고 부모님께 용돈을 받으며 생활했습니다. 주변 친구들도 대부분 부모의 지원으로 학교에 다니고 있었기에 별다른 생각을 하지 않으며 살았습니다.

그러나 군에서 다양한 일을 겪으며 정말 혼자 힘으로 살아 보고 싶다는 생각이 들었습니다. 토익 성적을 달성하고 얻은 자신감과 약간의 허세 섞인 마음이 결심에 불을 지폈고, 섣불리 주변에 이야기를 해 버렸습니다. 부모님과 친구들에게 선언했습니다. "제대하면 바로 독립할 거다." 당시에는 아무런 계획도 없었으면서 입으로만 떠들고 다녔습니다.

시간이 흘러 제대가 두 달 정도 남았을 때입니다. 이미 주변에 해 놓은 이야기가 있어서 정말 독립을 해야 했습니다. 막상 현실적인 고민을 시작하니 아는 것이 너무 없었습니다. 그날 이후로 신문과 잡지를 매일 읽었습니다.

　세상 뉴스에 관심을 가지니 국가에서 청년들에게 제공하는 복지 서비스가 제법 다양하다는 사실을 알았습니다. 몰라서 받지 못하는 다양한 혜택들이 존재했습니다. 그중 눈에 들어온 제도가 '청년 디딤돌 전세자금 대출'이었습니다.

　경제적 독립을 계획하기 위해 우선 한 달을 사는 데 필요한 모든 비용을 계산해 봤습니다. 살펴보니 전체 생활비 가운데 월세가 차지하는 비중이 가장 컸습니다. 기숙사를 알아보니 대학교 1학년 학점이 좋지 않아 들어갈 수 없었습니다. 학교 앞에 거처를 스스로 준비해야 하는 상황이었습니다.

　우선 부산대 근처의 월세를 알아봤습니다. 조사해 보니 아무리 싸게 구해도 월세만 30만 원 이상이었습니다. 매달 30만 원의 고정 지출은 너무 부담되었기 때문에 해결할 방법을 찾아야 했습니다. 그러던 중 디딤돌 전세자금 대출을 알게 되었습니다.

　디딤돌 전세자금 대출이라 하면 일단 돈을 빌린다는 생각에 거부감이 들 수도 있습니다. 하지만 이는 흔히 영화에서 보는 악성 사채 같은 대출이 아니라 국가에서 청년들을 위해 만든 서비스입니다. 물론 다른 대출과 비교해 굉장히 낮은 이율이고 좋은 조건입니다.

　디딤돌 전세자금 대출을 간략하게 설명하면 대학생 같은 무소득 청년에게 전세 금액의 80%까지 연 1.8% 이율로 빌려주는 제도입니다. 1.8%면 정말 낮은 이율입니다.

　예를 들어 보겠습니다. 월세로는 보증금 500만 원에 임대료 35만 원이고, 전세로는 4,000만 원짜리 집이 있다고 가정해 봅시다. 만약 월세를 산다면 1년 동안 420만 원이 듭니다. 반면에 3,000만 원의 대출을 받아 전세를 산다면 1년 이자가 54만 원입니다. 월 이자로 따지면 4만 5천 원 정도입니다. 대출을 받으면 월세에 비해 약 8배에 가까운 비용 절감 효과가 생깁니다.

이 대출 제도를 이용해야겠다고 마음먹고 가까운 은행으로 갔습니다. 혼자서 알아보고 여러 차례 고민 끝에 은행을 방문했는데, 창구 직원도 디딤돌 전세자금 대출을 잘 알지 못했습니다. 은행원도 제대로 모르는 상품이다 보니 대출을 받기가 쉽지 않았습니다. 살면서 처음 진행해 보는 대출 신청이라 너무 힘들어 중간에 그냥 포기할까 하는 마음이 들어 잠시 흔들렸습니다. 그냥 아버지께 손을 벌리고 싶었습니다.

과거의 저였다면 그쯤에서 돌아섰을 텐데, 이번에는 그러고 싶지 않았습니다. 별일 아닐 수도 있지만, 오기가 생겼습니다. 물론 대출 조건도 마음에 들었고요. 번거로운 일이 많았지만, 끝까지 대출을 받기 위해 노력했습니다. 마침내 대출을 받아 집을 계약했을 때는 묘한 성취감마저 느꼈습니다. 사소해 보이는 일이지만, 누구의 도움도 없이 처음부터 스스로 알아보고 모든 과정을 진행했으니까요. 한 가지 덧붙이자면, 이 모든 일을 저는 군대에 있으면서 틈틈이 나온 휴가 때 했습니다. 의지가 있으니 제한된 여건에서도 해결할 수 있었습니다.

많은 분이 귀찮고 잘 모른다는 이유로 다양한 복지 혜택을 누리지 못하는 경우가 있습니다. 비단 복지 제도뿐만 아니라 다른 일도 마찬가지라고 생각합니다. 사회는 다 큰 성인을 알아서 챙겨 주지 않습니다. 어린 시절에는 가정에서, 학교에서, 사회에서 알아서 도와줬지만, 성인이 된 후에는 스스로 노력해 얻어 내야 합니다.

경제적으로 자립하기

 디딤돌 전세자금 대출로 생활비 가운데 가장 큰 비중을 차지하는 월세는 해결했습니다. 벽 하나는 넘었지만, 아직도 많은 장애물이 남아 있습니다. 가장 큰 문제는 소득 만들기입니다. 부모님께 용돈을 받지 않는 한 고정 소득이 있어야 합니다. 소득을 만들기 위해 일자리를 구해야 했습니다.

 제가 잘할 수 있는 일은 학원 아르바이트였습니다. 부산대 통계학과 학생으로서 수학에는 항상 자신이 있었습니다. 교회에서 아이들을 많이 가르쳤고, 나름 잘한다는 평판도 들었기에 수학 학원에서 일을 구하기로 마음먹었습니다. 한 가지 걱정은 2년 동안 군대를 다녀온 저를 쉽게 받아 줄까 하는 것이었습니다.

두려운 순간에는 작은 행동부터 시작하자. 군대에서 배운 삶의 지혜입니다. 유럽 여행을 다녀온 후 여러 학원에 이력서를 보냈습니다. 크게 자신은 없었지만, 한번 시도라도 해 보자는 마음이었습니다. 운 좋게도 한 학원에서 연락이 왔습니다. 기쁜 마음으로 학원에 갔는데, 첫날 일이 생각보다 힘들었습니다. 과거에 왜 학원에서 하루 만에 도망쳐 나왔는지 아픈 기억이 다시 떠올랐습니다.

학원에서 아이들을 만나 이야기하고 공부를 가르치는 일은 결코 쉽지 않습니다. 교회에서 봉사할 때와는 노동의 강도가 다릅니다. 대학교 1학년 때와 마찬가지로 너무 힘들었지만, 이번에는 제 마음이 달랐습니다. 일은 큰 차이가 없었지만, 제 태도는 예전과 달랐습니다. 경제적 독립이라는 확실한 목표가 있으니 일에 최선을 다할 수 있었습니다.

학원 일도 하루 이틀 하다 보니 점점 편해지기 시작했습니다. 모든 일은 처음이 힘들지 계속하다 보면 괜찮아진다는 사실을 새삼 느꼈습니다. 사람은 역시 적응의 동물입니다. 그 후에는 학원에서 아이들과 소통하는 시간이 즐거웠습니다. 돈을 벌기 위해 일하지만, 일 자체가 사람에게 기쁨을 주기도 합니다. 또한 혼자 힘으로 살아 나가고 있다는 사실에 스스로가 자랑스러웠습니다.

제 인생의 롤 모델은 아버지입니다. 아버지는 지금의 제 나이인 23살부터 이미 집안의 가장이었습니다. 젊은 나이에 취직하고, 가족을 위해 헌신한 아버지 얘기를 들으며 저도 항상 아버지처럼 되고 싶다는 생각을 했습니다.

　물론 지금의 제 삶은 당시 아버지의 삶과 비교가 되지 않습니다. 아버지 때와 비교하면 아무 걱정 없는 편안한 인생입니다. 혹시 제가 실수 하더라도 의지할 수 있는 부모님이 있고, 환경도 그때와는 아주 다르니까요. 그래도 어렸을 적부터 꿈꿔 왔던 인생을 살고 있어 뿌듯합니다. 혼자만의 힘으로 살아간다는 사실이 정말 큰 기쁨과 자랑입니다.

　지금까지의 삶은 항상 다른 사람의 도움이 필요했지만, 이제는 혼자 힘으로 살아가고 있습니다. 다른 사람이 보기엔 별로 대수롭지 않을 수도 있겠지만, 경제적 자립은 저에게 큰 자긍심을 줍니다. 그리고 더욱 즐거운 마음으로 일할 수 있는 원동력이 됩니다. 과거에는 단순히 돈을 벌어 즐거움을 채우기 위해 일을 했다면, 이제는 뚜렷한 목표를 위해 합니다. 이런 동기부여 덕에 오랜 시간 일해도 피로보다는 보람을 느낍니다.

　아, 오해는 하지 말아 주세요. 청년 모두가 아르바이트를 해야 한다든지 부모님께 용돈을 받으면 안 된다는 뜻은 아닙니다. 단지 무슨 일을 하든지 뚜렷한 목표 하나만 가지고 나아간다면 힘든 상황도 견딜 수 있다는 말씀을 드리고 싶었습니다. 인생도, 토익 공부도요.

EPILOGUE

더 많은 꿈을 꾸다

　군대! 정말로 누구나 가기 싫어하는 곳입니다. 남자들에게 가장 끔찍한 악몽은 군대 소집 통지서를 다시 받는 꿈이라고 하니 오죽하겠습니까? 거의 2년 동안 갇혀 지내며 하고 싶지 않은 일을 해야 하니 당연히 군대는 피하고 싶은 곳입니다. 저 또한 군대에 가기 전까진 계속 걱정했고, 솔직히 가고 싶지 않았습니다.

　군대란 그런 곳이었는데 전혀 예상치 못한 반전이 있었습니다. 저는 군대에서 멋진 사람으로 변했습니다. 만약 누군가 "과거로 돌아가 입대를 선택할 수 있다면 어떻게 하겠나?"라고 묻는다면 바로 대답할 수 있습니다. 아무 고민 없이 군대에 가겠다고 말입니다.

이런 이야기를 하면 주변 사람들은 제가 군대를 편하게 다녀왔기 때문이라고 합니다. 객관적으로 보면 제가 근무했던 부대는 편한 곳이 맞습니다. 하지만 저와 함께 근무했거나 비교적 편안한 환경에서 복무한 군인이 모두 같은 생각일까요? 아닐 겁니다. 사람은 환경에 빨리 적응하는 동물입니다. 아무리 힘든 환경이라도 적응하면 나름의 편안함이 있고, 아주 편해 보여도 고충은 있습니다.

제가 군대를 좋게 생각하는 이유는 스스로 느끼고 배울 기회가 있기 때문입니다. 특히 군대에서 다양한 사람들과 이야기를 나눈 경험이 좋았습니다. 사회였다면 평생 만나기 힘든 사람도 있었습니다. 저에게는 다 소중한 만남이었습니다. 그리고 군대에서 생긴 자신감과 자립심도 가치 있는 자산입니다.

저는 군 생활을 하며 배운 지식으로 복무 기간 중에 토익 945점을 달성했습니다. 군대가 아니라 사회에서 공부했어도 받을 수 있지 않았겠느냐고 이야기하는 사람도 있지만, 제 생각은 다릅니다. 만약 군대가 아니었다면 이렇게 쉽고 빠르게 토익 성적을 얻지 못했을 것입니다.

저는 어렸을 적부터 영어에 막연한 두려움이 있었습니다. 대학교에 와서도 가장 큰 걱정은 토익 성적이었습니다. 대한민국에서 취업을 목표로 하고 있는 모든 대학생에게 토익은 큰 숙제입니다. 그런 토익을 저는 군대에서 너무나 쉽게 해결했습니다. 토익 고득점이라는 성과에 더해 자신감이라는 긍정 마인드까지 얻었습니다.

항상 걱정하고 두려워하던 영어를 혼자 힘으로 극복했다는 사실은 제게 큰 힘이 됐습니다. 덕분에 이전에는 생각지도 못했던 다양한 목표를 꿈꾸고, 이루기 위해 노력하고 있습니다. 군대에 다녀오지 않았다면 절대 일어나지 않았을 일입니다.

군대에 들어가기 전과 지금을 비교해 보면 이제는 정말 성인이 됐다는 생각이 듭니다. 입대 전에도 나이는 스무 살이었지만, 여전히 부모님 그늘에서 벗어나지 못하고 있었습니다. 즉, 모든 일을 온전히 제힘으로 해결하지는 못했습니다.

군대에서는 모든 일을 스스로 결정해야 했습니다. 처음에는 혼자서 모든 결정을 한다는 것이 쉽지 않았습니다. 올바른 선택을 하고 있는지 걱정됐습니다. 하지만 시간이 흐르니 익숙해지기 시작했습니다. 그리고 군대에 가면 어른이 된다고 하는 이유를 조금은 알 수 있었습니다. 군대에서 얻을 수 있는 가장 큰 배움은 혼자 생활하는 힘이라 생각합니다. 이 외에도 정말 다양한 생각을 군대에서 배우고 느꼈습니다. 그 경험들이 쌓여 최종적으로 토익 성적이라는 열매를 맺을 수 있었습니다.

마지막으로 군대 2년이라는 시간을 통해 얻은 하나의 생각이 있습니다. 아무리 두렵고 어려운 현실이 닥쳐도 그 안에서 또 다른 배움을 얻을 수 있다는 사실입니다. 살다 보면 여러분에게도 어려운 상황이 찾아올 수 있습니다. 힘든 순간이 왔을 때 너무 걱정하지 않았으면 합니다. 시간이 흘러 되돌아본다면 현재의 고난이 미래의 여러분에게 전하는 값진 깨달음을 발견할 수 있을 것입니다.

　토익에서도, 인생에서도 여러분이 원하는 바를 이루시길 소망합니다.

MEMO

Fools think their own way is right,

but the wise listen to others.

- Proverbs 12:15

군대에서 토익 900

초판 1쇄 펴냄 2019년 11월 1일

지은이	공병우
펴낸이	최나미
편집	김정민
교정교열	김동욱
표지디자인	디자인오투
본문디자인	진아라
경영지원	고민정

펴낸곳	한월북스
출판등록	2017년 7월 13일 제 2017-000007호
주소	서울특별시 강남구 광평로 56길 10, 광인빌딩 4층 (수서동)
전화	070-7643-0012
팩스	0504-324-7100
이메일	hanwallbooks@naver.com
ISBN	979-11-961945-4-3

- 책값은 표지 뒤쪽에 있습니다.
- 잘못 만들어진 책은 바꾸어 드립니다.
- 이 책 내용의 전부 또는 일부를 재사용하려면 반드시 저작권자와 한월북스 양측의 동의를 받아야 합니다.
- 이 도서의 국립중앙도서관 출판예정도서목록(CIP)은 서지정보유통지원시스템 홈페이지(http://seoji.nl.go.kr)와 국가자료공동목록시스템(http://www.nl.go.kr/kolisnet)에서 이용하실 수 있습니다. (CIP제어번호: CIP2019026132)